农村经济综合管理示范特色专业及实训基地建设项目课程系列教材

农产品网络营销

主　审　钟　岚

主　编　叶继炎　　石立波　　江昭玉

副主编　张声勇　　孙雅芝　　黄庆海

　　　　吴　艳　　黄育娟　　陈秀红

参　编　冯雪莹　　邱习样　　罗　龙

　　　　姚文丽　　黄春燕　　盘丹萍

　　　　张雁明　　李　来　　林柱福

　　　　马　俊

辽宁大学出版社

图书在版编目(CIP)数据

农产品网络营销 / 叶继炎,石立波,江昭玉主编
. — 沈阳:辽宁大学出版社,2022.1
ISBN 978-7-5698-0624-3

Ⅰ. ①农… Ⅱ. ①叶…②石…③江… Ⅲ. ①农产品
—网络营销 Ⅳ. ①F724.72

中国版本图书馆 CIP 数据核字(2021)第 255115 号

农产品网络营销
NONGCHANPIN WANGLUO YINGXIAO

出 版 者:辽宁大学出版社有限责任公司
　　　　　(地址:沈阳市皇姑区崇山中路 66 号　邮政编码:110036)
印 刷 者:鞍山新民进电脑印刷有限公司
发 行 者:辽宁大学出版社有限责任公司
幅面尺寸:170mm×240mm
印　　张:12.5
字　　数:204 千字
出版时间:2022 年 1 月第 1 版
印刷时间:2022 年 1 月第 1 次印刷
责任编辑:郭　玲
封面设计:郭宝鹰
责任校对:张宛初

书　　号:ISBN 978-7-5698-0624-3
定　　价:45.00 元

联系电话:024-86864613
邮购热线:024-86830665
网　　址:http://www.lnupshop.com
电子邮件:lnupress@vip.163.com

前　言

　　近年来，随着电子商务的发展，信息的传递使得消费者能更迅速的掌握消费信息，并通过网络这个平台和企业直接进行交流；同时企业也能更加敏锐地捕捉到消费者的需求，及时并恰当的为客户提供更全面准确的的服务，使消费者的服务更加的个性化，改善了传统中的信息不对称的情况。这其中网络营销模式起了必不可少的作用。

　　我国是一个农业大国，农产品销售一直是解决"三农"问题的关键。只有农民收入增加了，农村经济才能发展。面对网络的迅速发展，信息的快速传递，国外农产品网络营销模式的开展等情况，为了增进我国农产品的市场竞争力、适应网络信息发展的要求，农产品网络营销模式的开展很有必要，本书通过对我国农产品营销现状的分析以及结合国外网络营销模式的启示来展开分析如何建设我国的农产品网络营销。

　　本书共分为八个部分。第一部分主要是对农产品网络营销相关理论的简述；第二部分主要是对我国农产品传统营销模式的构想；第三部分主要是减速网络营销的兴起促进农产品流通；第四部分针对农产品网络营销的实施策略；第五部分分析我国农产品网络营销的系统的重要性；第六部分，主要是对农产品网络营销平台构建方案设计进行研究；第七部分，主要阐述农产品网络营销平台的设计与实现；第八部分主要阐述对于我国农产品网络营销的创新研究。

　　本书由广西梧州农业学校下列人员编写：叶继炎、石立波、江昭玉担任主编，张声勇、孙雅芝、黄庆海、吴艳、黄育娟、陈秀红担任副主编。其中项目一，项目七由叶继炎负责编写，项目二，项目五由石立波负责编写，项目三，项目四由江昭玉负责编写，项目六，项目八由张声勇、孙雅芝、黄庆海、吴艳、黄育娟、陈秀红负责编写，在编写过程中，得到广西义商联合教育科技有限责任公司林柱福、马俊同志的大力支持和帮助,在此一并表示衷心的感谢!

　　编者们虽然为编写本书付出了艰辛的努力,但毕竟学识、经验都比较有限,本书难免会有错误之处,恳请读者朋友批评指正。

◇ 目 录

◇ 课题一　农产品网络营销重要性分析

明确认识农产品网络营销的重要作用和意义,既有助于增强农产品网络营销从业人员、研究者的学术自觉性和工作主动性,及时解决农产品销售中出现的问题,又有利于调动农村广大人民群众对农产品网络营销熟悉和使用的积极性,实现"卖难"的历史性转变。

为了做好我国农产品网络营销重要性和环境分析,我们运用战略性营销中的"SWOT"的方法,从优势(strength)、缺陷(weakness)、机会(opportuniy)和威胁(threat)入手,全面分析我国农产品网络营销现状,即借助四维的"优势、劣势、机会与威胁"的分析手段,从中国农产品网络营销本身的重要性、面临的机遇、不利因素与威胁这四组因素,综合分析我国农产品网络营销的基本情况和重要性。

任务一　农产品网络营销面临的机遇

一、全球网络商贸迅猛发展,推动了农产品网络营销的开展

当今时代,国际互联网正迅速渗透到政治、经济和社会文化的各个领域,进入人们的日常生活,并带来社会经济和人们生活方式的重大变革。在北美、西欧和日本,20 世纪 90 年代后期加入互联网的企业几乎以每月翻一番的速度递增。美国《财富》杂志统计的全球前 500 家公司有 80％ 已在网上开展营销业务,每年在互联网上做广告的费用已增至数十亿美元。1996 年年底,美国的"互联网络购物中心"已有 2 万多家,且每天还新增 100 多家。同年,在美国 2800 万个互联网用户中,270 万人曾经上网购物或进行商务活动。据美国国际电信联盟和国际数据公司统计,全球互联网上的交易额 1999 年达到

3000 亿美元,2000 年突破 7000 亿美元,到 2010 年网络贸易额达到 20000 亿美元,约占全球贸易总额的 42%。

二、高速增长的互联网产业,有利于营造农产品网络营销环境

网民是互联网公司生存和发展的命脉。中国网民数已达到世界第一,这无疑为网络营销提供了现实的基础。网络基础设施的发展也为网络营销的发展提供了很好的条件。比如中国基础电信已初见规模,"宽带基础设施"也已见端倪,再加上国内四大骨干网的成功互联,国际出口带宽增加,可以说,中国的网络基础发展和国际水平的差距已经缩小。网络用户数量和基础设施的迅速增长和增强为中国农产品网络营销奠定了良好的基础。

截至 2019 年 6 月,我国网民规模达 8.54 亿,较 2018 年年底增长 2598万,互联网普及率达 61.2%,较 2018 年年底提升 1.6 个百分点;我国手机网民规模达 8.47 亿,较 2018 年年底增长 2984 万;网民使用手机上网的比例达99.1%,较 2018 年年底提升 0.5 个百分点。与五年前相比,移动宽带平均下载速率提升约 6 倍,手机上网流量资费水平降幅超 90%。"提速降费"推动移动互联网流量大幅增长,用户月均使用移动流量达 7.2GB,为全球平均水平的 1.2 倍;移动互联网接入流量消费达 553.9 亿 GB,同比增长 107.3%。

三、农产品网络营销的信息环境初步建立,有助于农产品公共信息平台的建设

金农网、中国农业信息网、江苏农业网等一大批农业专业网站如雨后春笋般应运而生,中国农产品网络营销的信息环境初步建立,中国农民使用网络、利用网络的时代已经来临。目前,我国有关农业方面网站的优点主要表现在以下几方面。

(一)数量大

现在查找农业方面的网站,一搜就能搜出一大堆,不再是寥若晨星,而是群星灿烂。我们千万不能小看这一事实。这一现实存在,意义非同小可。不管这些网站目前做得怎么样,现实条件下发挥的作用有多大,它如此大规模地出现,充分说明互联网在农业信息化方面的应用在我国确实已经迈出了非常重大的一步,这一步对我国未来农业的发展,对我国未来农村的发展,都具有

十分重要的意义。它是我国采用最新的现代化手段进行农业信息化的重要起步;是我国农业信息化重要的载体和重要的物质基础;是未来农业信息化的最重要的网络平台和舞台。我们将乐观地看到,在这个舞台上将会有无穷无尽的精彩的"演出",其意义是非常深远的。

(二)品类全

一个网络化的农业信息群体基本形成。目前网上的信息内容,涉及种植、畜牧、水产、林业、加工、销售、生产、生活等各个方面,几乎涵盖了农业生产、农村经济,乃至农民、农村生活的方方面面。这说明,在广大农业信息工作者的共同努力下,互联网已经被运用到了非常广阔的领域,一个以互联网为载体的农业信息化传输体系的架构已经基本形成,这为下一步更深层次的开发和应用信息资源提供了基础,探索了道路。

(三)结构完整

目前的农业网站,大致由这样几个部门网站组成:

一是各级政府中农业部门建设的网站。这些网站是农业网站中的主体部分,从农业农村部开始,到省、市、县,甚至到乡镇,已经形成了一个宝塔型的网络结构。当然,所有这些网站,层次和差别都很大。总体上看,随着部门层级的降低,网站的规模和水平也在逐级降低。

二是教学科研机构建设的网站。这些网站总体上看,比较专业,网站内容比较丰富,在技术方面具有领先地位。但就内容来说,更多的是为教学科研服务的。

三是新闻媒体等机构办的网站及媒体的网络版。这些网站总体上数量不算很多,但信息量较大,其中以《农民日报》最新推出的"三农在线"为代表,网站内容丰富、种类齐全、功能较多、设计专业、内容更新及时,已接近农业部门网站。但其品牌的确立和覆盖面尚需进一步加强。

四是商业公司办的网站,这些网站一般都目标明确,有较准的市场定位,网站的专业化水平较高,服务功能也较为突出。但总体上看,还是实力不强,数量有限,在进一步找准市场定位和提高专业化服务水平等方面还需努力。

四、农产品网络营销的国内市场潜力较大，奠定了农产品网络营销的成长基础

中国网民数量已位居世界第一，而且增长比例在世界排名也是较快的，这说明了中国农产品网络营销在本国有很大的网上潜在消费者，将有利于中国农产品网络营销企业的成长。中国互联网信息中心（CNNIC）信息显示：在网民的特征结构方面，男性、未婚、25 岁以下学历、大专及以下、月收入在 2000 元以下（含无收入网民）的比例继续在网民各特征数据中占据相对主要地位，所占比例分别为 60.4%、56.8%、52.9%、70.2%、77.6%，但男性网民所占比例和半年前相比有所上升。中国的网民 32% 集中在学校教师、学生以及计算机行业的专业人士之中，34% 分布在各级党政机关、新闻传媒和金融、保险行业中，26% 散布在商贸、邮电、服务等第三产业间，7% 为城镇工人，农民占比不足 1%。

以上数据说明了农产品网络营销的开展大有潜力。上网用户中家庭和单位的比例较高，网民目前的状况基本是"城镇化"，而且以机关、媒体、金融、学校、计算机从业人员为主，这些人群是农产品的最主要的购买者。对于与人们日常生活相关的农产品（如蔬菜、水果、鱼肉蛋、鲜花等）来说，在网上有很大的市场。中国网民是大有希望的目标消费者，这个群体的巨大与消费农产品的日常性可以预见，中国农产品网络市场的潜力是巨大的。

五、现阶段农产品网络营销迎来"后发优势"的机遇

我国的网络营销起步较晚，直到 1996 年我国企业才开始尝试。据传媒报道，1996 年山东青州农民李鸿儒首次在国际互联网上开设"网上花店"，年销售收入达 950 万元，客户遍及全国各地，并且公司没有一名推销员，大大地降低了花卉的营销成本。现在，越来越多农业管理部门、农产品加工企业、农产品经营大户及个别农民都日益重视农产品的网络营销。

现在，我国 30 多个省级政府都建立了本地的农业信息网，从农业农村部到基层也大都开通了农产品的网上展厅，用多种文字展示各地名优特新产品，有很多地方利用网络平台进行网络营销的尝试，均取得了很好的效果。如原农业部在 2007 年 1 月 15 日至 2 月 15 日期间举办的"全国冬菜网上促销月"活动，受到了鲜活农产品生产者、经销商和消费者的广泛关注，成交意向总额达 5.1 亿元,其中实际成交金额为 3.2 亿元,意向成交金额为 2.8 亿元。作为基层单位的湖南省宁乡市建立了县、乡农产品批改市场和农户农业信息四级网络,已有 100 多户农民成为"网上农业信息工程"的入网示范户。湖南省长沙县黄兴镇桂花村农民通过蔬菜信息网络了解到无公害蔬菜不仅好销,而且价格也比普通蔬菜高出 30%~50%,当地农户种植无公害蔬菜后,通过网络销售,年收益提高了 60%。这说明现在网上销售已成为农产品的销售策略之一。

据调查,中国新公司比老公司开展网络营销的情况好。这是因为网络经济有着与传统经济不同的规则,这是"后发优势"的体现,现在开展农产品网络营销同样也具有"后发优势",与早期的网络营销相比,主要表现在有成熟的技术支撑、较好的网络市场规则、成功的农产品网络营销的先行者提供经验等。中国现阶段开展农产品网络营销,正好抓住了进入门槛相对低的机遇。

任务二　农产品网络营销的意义

"卖难"问题一直是制约我国农产品营销的难题。近些年,随着信息技术、网络技术的发展,网络营销作为一种新的营销模式为解决"卖难"问题提供了一种新的思路。

一、农产品网络营销有利于扩大我国农产品贸易范围

自从网络电子商务产生以来,电子商务活动发展迅猛,网上销售额剧增,网络营销市场容量较大,很多企业都专门设立了网上营销部门。据统计数据显示,我国大部分企业都采用了计算机管理业务,还建立了自己的网站主页,特别是很多生产型企业将网络作为主要营销手段之一。这一趋势在我国还将延续。

我国农产品网络营销是近年来才开展的,但整体业绩可观。辽宁某企业利用网络信息了解市场行情将产品销往国内不同省市获得利润近 300 万元。农产品网络营销平台"中农网"在两年前的统计数据就显示整体交易额超过 5 亿元。由此可见,网络营销活动蕴含了无限的商机,企业如果可以根据自己的经营情况开展网络营销,则能扩宽销售渠道,得到更多收益。

　　网络营销的方式可以跨越不同国家、不同地域,可以为我国增加出口提供便利。国际市场上,信息不通畅、质量不达标、品种单一等都是我国农产品境外销售的主要问题。通过网络营销,我们可以得到市场上的最新信息,及时调整营销策略,生产出符合市场要求的高质量品种,提升我们的贸易份额。我国农产品出口贸易多以出口牧产品、水产品、水果蔬菜为主,这类产品的技术含量较低,主要是以人工投入为主,这和我国的劳动力价格水平不高相符,我们在外部市场上也确实一直都有较高的交易额。而如果能采用网络营销手段,可以节约更多成本,提升价格优势,获取更可观的收益。农业生产受地域、气候等影响,这也是农产品贸易在全球范围内开展的前提,虽然目前的农业技术进步很大,但客观因素的限制还是不能完全克服。贸易机会是长期存在的,因此我国农业采取网络销售方式能做到信息对称,生产出更加适应市场需求的产品,增加更多的贸易份额,创造更多价值。

　　我国农产品贸易企业很多都是中小规模,网络营销模式将会为其提供更多平等竞争的机会,帮助其迈向国际市场。一般来说,国外很多企业在购买产品询价时都是以网络方式进行,我国中小企业在和其他大规模公司竞争时,可与之一同展示自己的产品质量和价格优势,因为网络推广的方式跨越了地域和规模限制,可以获取同等的信息资源,而企业自身的网络平台建设投入也不会很大,成本较低,可以快速建立起自己的全球信息网和贸易网;在条件允许的情况下,农产品生产者也可以建立自己的企业网站,将主要产品的品种、质量、产量情况、加工模式、实物销售状况等信息实时发布并建立相关的搜索链接,以便于全球所有采购者在网上获取信息,并能和生产企业洽谈购买事项;除了企业外,农户也可以采用这样的方式推广产品,节省中间环节费用,获取较高利润。

　　因此,无论是农业贸易者还是生产的中小企业或是个体农户,在网络销售方式下,与大企业获得的都是同等机会。这样的市场环境也更利于公平竞争,促进企业或个人不断研究创新和科学生产,进行更准确的市场定位。我国北方某地区已有农民将自己的产品通过网络营销方式销往世界各国,出口量超过千万吨。因此,网络营销为我国农业贸易发展提供了更多的机遇,为中小企业和农户个人带来了潜在收益,既满足农村居民消费升级需要,又吸引城市居民下乡消费。

二、网络营销的优势特征有利于推进符合我国农产品特点的营销

(一)网络营销有利于提高农产品交易的时效性

我国农产品贸易种类主要是牧产品、水产品、蔬菜水果等。这些产品一般都会对存储运输有较高的要求,而产品在贸易过程中的损坏也非常常见,因而需要增加交易时效,降低在流通环节中损失的概率。在传统交易过程中,流通环节比较长,从洽谈到最后购买会给销售带来较多损失,而通过网络销售方式,无论是企业之间还是企业和个人之间,信息传递都非常快,时效性高。交易双方可以随时就各项问题沟通商谈,了解彼此的要求和建议,由于不受时间和空间的约束,因而大大提高了交易效率。网络营销的及时性有利于解决农产品交易现时性的问题。

在网络营销中,营销信息可以即时传送和反馈,无论是 B2B,还是 B2C,对于交易双方而言,可以 24 小时随时进行营销信息的传送和反馈,从而获得即时性的优势。交易双方可以利用网络的 BBS 或电子邮件等方式,随时向外发布有关产品、技术、价格、服务等商业信息,可利用网络随时接收和查阅信息,并将自己的意见和建议及时反馈给对方。两者进行双向互动,可以极大地方便交易双方,缩短交易时间,促进即时成交。

(二)网络营销可以促进我国各地方特色农产品的营销与反季节销售

中国幅员辽阔、地大物博、物产丰富,有丰富的具有地方特色的农产品,同时中国的许多土特产具有极丰富的营养价值,这些是国际市场所奇缺的。但由于这些农产品处于信息闭塞的深山茂林、边疆僻壤,因而鲜为人知,形成有价无市的尴尬局面,长期处在"买主找不到卖主""卖主找不到买主"的两难境地。而网络营销不受时间、空间的约束,既可深入深山,也可出入大都市,将整个世界连成一个"地球村",缩短了时空的距离。全世界任何一个地方的上网者,在任何时间都可以进行交易。因此,网络营销的开展有利于各地区土特产的营销与反季节销售。

随着网络营销在全球范围内普遍推广,各种供求信息将第一时间出现在世界各地计算机网络上,我国各地区不同特点的农产品有了全世界范围内的买家,而地方政府也将根据地方产品生产、生长特点制定相关的推销策略,让地区特产走向世界。

三、网络营销有利于企业不断提升其营销能力

在网络环境下,世界贸易是完全开放的市场,这不仅给企业带来了更多机会,也会让企业面临更大的挑战。目前,国外一些大型企业的农产品初加工的整体质量把控都较严格,他们不仅占据了外部市场份额,而且对国内市场也产生了一定威胁。市场上"看不见的手"将推动我国农业企业积极主动探索发展之路,改善产品质量,研究出适销对路的品种,推广品牌,在内部管理上也更能高效参与世界范围内的竞争。通过网络营销模式,我国企业能获取更多一手信息,了解市场,也有很多机会向国外先进农业企业和科研机构学习,加强产品质量,竞争到更多市场份额。我国出口的农产品主要是牧产品、水产品和蔬菜水果,但这部分产品的技术含量较低,利润空间不大,而外部市场的要求也比较高,产品检测过关环节存在一定问题,影响了总体贸易量。如果能向国外一些先进国家学习,一定可以提升我国农产品出口量。

网络营销是目前世界上通用的营销方式,但对于我国农产品企业或农户而言,是相对较新的事物,这就要求他们要完全改变以前的管理模式。作为一个新的平台,网络将生产者和消费者直接联系起来,不再需要消费者面对面地与企业交流。现在网络平台都是 24 小时在线,购买方可以随时在网上咨询留言,销售方也可以初步判断并回复,还可以从消费者渠道了解更多市场信息。采取网络营销模式,要求平台企业要深入分析客户需求,了解客户购物历史,参与世界上各地的销售活动并取得订单,销售方式多样且更加灵活,成本低廉。

任务三　农产品网络营销的重要性

2021 年中央一号文件提到,深入推进电子商务进农村和农产品出村进城,推动城乡生产与消费有效对接。《国民经济和社会发展第十四个五年规划和二〇三五年远景目标纲要》提出,完善城乡融合消费网络,扩大电子商务进农村覆盖面,改善县域消费环境,推动农村消费梯次升级。

推进农产品网络销售是深入推进电子商务进农村和农产品出村进城,完善城乡融合消费网络的主要内容。

一、农产品网络营销有利于拓展我国农产品贸易商机

(一)农产品网络营销为中国农产品对外贸易拓展了商机

由于劳动力成本相对低廉,我国农产品在国际市场上具有明显的价格优势和较强的竞争力,在采用网络营销的新的营销与管理方式后,由于网络营销省去了许多中间环节及很多额外费用开支,将更加有利于降低成本,提高竞争力,获得较高利润。由于资源条件不同、生产效益不等,世界各国各地区之间的贸易具有很大的互补性,并将长期存在。中国企业开展农产品网络营销后,有利于充分分析利用各种资源信息,进行科学预测与决策,为中国农产品创造更大的国际市场空间和机会,若能根据比较利益原则,以市场为导向,品种对路,品质过关,营销得当,就可能获得更大的比较效益。

(二)为农产品中小企业甚至农户提供与跨国公司平等参与国际竞争的机遇

创造公平竞争的营销环境,有利于中国农产品中小企业的快速发展。在网上,任何企业都不受自身规模的绝对限制,都能平等地获取世界各地的信息及展示自己,这为中国农产品中小企业的发展创造了一个极好的营销环境。同时,中国农产品中小企业只需花极小的成本,就可以迅速建立起自己的全球信息网和贸易网,将产品信息迅速传递到以前只有财力雄厚的大公司才能接触到的市场中去,平等地与大型企业进行竞争。农产品生产者也可以运用信息技术将其生产的产品信息,如有关的文字说明、实物样品或宣传广告等发布到自己的网页上或在众多的信息网站上发布,所有这些信息就可以全天24小时、一年365天在网上展播,供世界各地的网上用户随时查阅、选购。因此,中国农产品中小企业,甚至农户都可以在网络营销的大环境下与跨国大公司一样,平等地获得信息、利用信息、发布信息,进行农产品的营销。例如,抚顺农民通过网站将野菜、食用菌等16种农产品销往国外,一年出口达1260万吨。不难看出,网络营销为中国农产品中小企业甚至农户提供了一个与大公司平等参与竞争的强有力的机遇。

二、网络营销有利于打造农产品品牌、树立企业形象

目前,中国具有品牌效应的农产品并不多,品牌形象的营销活动也开展得

不多。究其原因主要是农产品生产者相对分散,农业生产的集约化、规模化程度不高,品牌形象形成耗资大,大多数中小企业无法承担等等。而在中国农产品网络营销的环境下,可以多家实体企业或农户合作社共同组建一个品牌农产品网络企业平台,网络营销时只要有相关的人才与技术,面向世界展示自己的品牌形象,树立农产品品牌形象将不是困难的事情。

网络是一个跨越地域的全世界范围的虚拟空间,企业在这个空间里可以塑造全新的形象,打造全球品牌。不同于传统的品牌推广方式,互联网中企业能够采用各种形式的广告、宣传手段来营销自己,产品生产环节可以运用技术手段模拟演示,让外部客户有最直观的认识;不同于电视广告和纸质宣传方式,互联网推广的整体范围非常广而且成本控制力度强,时间持续性也是根据企业自身需要制定的,具有灵活性和直接收益性。

互联网为企业提供了在全球树立企业形象、扩展业务的大舞台,拥有传统经营方式不可比拟的广告宣传空间。在网上,多媒体广告声像俱佳,吸引力强。可以通过电脑动画、声音或三维造型等手段观察所展示的农产品的绿色生产过程、绿色加工过程及其独特价值等,网络广告既具有平面媒体的信息承载量大的特点,又具有电波媒体的视、听觉效果,可谓图文并茂,形式多样,声像俱佳。另外,广告发布不需要印刷,不受时间、版面限制,只要顾客需要就可随时索取,容易打动顾客的心。网络广告具有影响力大、持续时间长、覆盖面广、形式多样、资金投入少等优越性。

三、有利于推动农产品企业改进营销管理模式,提高竞争力

中国农产品企业开展网络营销,国内农产品贸易全球化,市场将更加开放,竞争将更加激烈。中国农产品不仅在国际市场上要接受发达国家优质农产品的竞争与挑战,在国内市场上也在所难免。按照市场原则,适者生存,劣者淘汰出局。竞争的压力迫使中国农产品经营主体积极参与国际分工与合作,参与国际竞争,进一步改善经营管理,开发名优产品,强化营销网络,并加强市场战略联盟,从而使中国农产品的国际竞争力得到全面提升。

中国农产品企业开展网络营销,中国农业将会有更多机会与国外科研机构合作,将有利于加强与国外农业技术合作和科学交流,从而改善强势农产品的质量,促进和扩大中国农产品的出口。如中国园艺产品、水果、蔬菜、水产品

和畜产品出口具有相当优势,但产品质量和检疫问题影响了出口。如果能够加强同世界各国特别是美国、荷兰等国的农业技术合作,提高中国园艺、水果、蔬菜、水产和畜牧等生产过程中科学技术应用水平,改善产品质量,必将推进中国产业比较优势的发挥,促进和扩大农产品的出口。

中国农产品网络营销的开始本身就意味着中国农产品企业将改变过去陈旧的营销与管理方法。网络营销带来了崭新的技术手段与营销方式,将改变经营者与消费者的沟通方式,丰富促销手段。过去,消费者要了解商品或是商品使用知识,都需要到商店与售货员沟通。即使消费者可以选择电话沟通,一般一个服务员也只能在同一时间回答一个顾客的问题,而且回答的效果受服务员素质水平高低、情绪状态以及消费者素质水平高低、问话方式等方面的影响,具有很大的随意性。而互联网使得以上情况有可能得到根本改观。消费者可以在网上咨询各类商品信息,甚至可以获取现实需求以外的信息,经营者也可以根据消费者留下的地址提供主动式的、有针对性的、更进一步的服务,记录并管理顾客的购物信息,了解顾客的购物历史,分析顾客的购物倾向。利用网络,经营者足不出户就可以参加世界各地举办的各类商品交易会和订货会,使促销活动变得更加方便、灵活而又自然合理。

四、农产品网络营销有利于促进农村经济发展

(一)有利于解决农村经济发展资金匮乏和销路难的问题

农村经济发展缺乏必要的资金投入,销路难更是其首要障碍。在以顾客为中心的今天,以销定产仍是农村尤其是偏僻农村经济发展道路之首选。经济发展的前提与原动力是商品生产,没有产出的销售是无本之木、无源之水。同时,也只有有销路的产品才是有生命力的产品。网上广告花费之少对农村经济的发展具有不可抵挡的诱惑力。其次,网络营销可以最大限度地为农村经济拓展销路,甚至为农村经济开拓国际市场提供了千载难逢的机会。

中国不乏这方面的成功先例,如在广西灵山,水果"卖难"是几年来一直困扰农民的大问题。而今,这里的果农不出家门同样可以从"乡村电子信息馆"获取市场信息,做成生意。灵山县在全县各镇、各村建成广西首批"乡村电子信息馆",共有电脑多台,并全部开通网上连接,形成了县、镇、村三级科技信息网络。农民群众可以从这些科技含量较高的信息平台上了解市场动态,掌握

供求信息,学到实用科技安徽。安徽砀山是"酥梨之乡",在开展网络营销之前,每年因浪费造成的经济损失数目惊人。营养丰富、口感好的酥梨非但卖不出好价钱,反而因保管困难而成为农民的负担,形成越是丰收农民心理负担越重的怪现象。但是,互联网为砀山人提供了有效的销售途径,解决了砀山人投资建厂的困难,进一步促进了当地农民的生产积极性。

(二)有利于提高农民的生产积极性

网络营销使商品交易环节减少到最低限度,生产者直接把产品交给求购者,省去了中间商的介入,避免了流通领域的层层加价,流通费用大为减少。同时,也缩短了商品交易时间,加速了资金周转。在目前农村生产力水平不高的情况下,对农民朋友来讲,短期经济效益远比长期经济效益更具有吸引力。网络营销可以带来快速的经济效益,在极大地提高了农民的积极性的同时,也有利于国民经济的持续发展。

从心理学角度看,过惯了安稳日子的农民朋友们害怕出山遭受伤害,风险承受能力极弱,更愿意坐在家中平淡经营。网络营销使得农民朋友足不出山就能直接与外界对话,坐在家中订单就源源不断地飞来,这种实在感和可靠感正是他们需要和渴望的。农民朋友可以利用网络为产品设置虚拟现场,为客户提供丰富的购物信息,如可在网页上将土产品的性能、功用,甚至是生长过程、习性等进行详细的介绍和展示。在给顾客提供完备的客观信息的同时,使他们在感观上对产品有更好的认识,以促使其做出购买决定。消费者的购买活动被心理学家称作购买决策的信息处理过程。在这个过程中,引导是重要的一环。网络营销不仅可以赢得那些有固定需求的顾客的青睐,更主要的是可以争取大量的潜在消费者。消费者的信息越多越具体,网络营销作用就越强,其带来的经济效益就越显著,给农民朋友带来的信心和希望也越大,农民的生产积极性相应就会大大提高。

任务四　农产品网络营销的不利因素

我国的网络营销起步较晚,直到 1996 年一些企业才开始尝试。由于多方面的原因,我国农产品网络营销存在诸多不利因素。

一、农村基础信息建设不均衡，农民上网情况不理想

中国有 9 亿农村人口，占总人口数的 75% 以上，但是上网人数只占全国上网人数的 0.3%。同我国的地形梯级分布相似，我国不同地区使用数字技术的程度也呈梯级分布，只不过方向刚好相反，表现为东部沿海城市数字化程度相对来说比较高，而中西部地区数字化程度较低。无论是实际上网人数，还是上网人数所占人口比例，东部省区都大大超过中西部地区。例如，辽宁省在"百万农民上网工程"中，直接带动农民上网达 4 万户，全省总计上网农民人数 30 万人。黑龙江省开通了黑龙江农业经济信息网，通过网络将先进的农业科学技术、市场信息传递到农民手中，为农业科技常下乡、快下乡提供了有效手段。目前，黑龙江农业经济信息网已延伸到全省 1000 多个乡镇，上网人数达到 8 万多人。而早在 2000 年，浙江省首个信息化示范村——水龙村，298 户村民，拥有电脑 102 台，其中 95 台可以上网。村委会拥有自己的域名，22 家企业建立了自己的网页，其中 6 家申请了国际顶级域名。而在 2000 年年末四川省总人口 8550 万人，农业人口占 80%。共统计四川上网人数 200 万人，其中 80% 以上为城镇人口，农村上网人数"几乎可以忽略不计"（新华网 2004 年 4 月 12 日消息）。中国互联网络信息中心在济南公布的《2003 年山东省互联网络发展状况统计报告》显示，在 627 万名山东网民中，农民由于上网用户过少竟然被忽略不计。

目前，网络逐渐成为人们日常生活的重要组成部分。然而，一部分农村地区经济落后，投入在农村基础设施建设上的资金相对较少，严重制约了当地农村网络化、信息化的发展，也严重阻挡了当地农民成为农产品网络营销的主体。尤其是边远地区和西部贫困地区，这些地方的网络普及率十分低，很大一部分农村地区，甚至都没有最基本的网络设施，不具备最基本的上网条件。另外，当前专业农业信息网站不够发达，专门从事农产品营销的网站或经济实体更是少得可怜，农产品交易无平台。不管是农村的网络基础设施，还是网站的形式、内容，都严重制约了农产品进行高效率的网络销售。

由此可见，因为中国地域辽阔，各地区经济、文化、技术水平发展不平衡，中国农业网络营销环境的发展水平也极不平衡。

二、农民文化程度低,农产品网络营销人才缺乏

我国大多数农民文化程度低,缺乏现代农业技术知识,造成农产品产量、质量标准很难符合市场需求,缺乏市场竞争能力。农民文化程度是农民科学文化素质的重要衡量标准。我国自改革开放以来,虽然农民文化程度有了很大提高,但是农村劳动力文化程度存在着较大的地区差异,与发达国家相比差距就更大,这与全面建设农村小康社会,促进农村经济社会全面发展,实现农村现代化的要求是极不适应的。

表 1-1　20 世纪 80 年代中后期以来我国农村劳动力文化程度变化状况　　　　　单位:(%)

年份	1985 年	1990 年	1995 年	2000 年
文盲、半文盲	27.87	20.73	13.47	8.09
小学程度	37.13	38.86	36.62	32.22
初中程度	27.69	32.84	40.11	48.07
高中程度	6.96	6.96	8.61	9.38
大专以上	0.06	0.10	0.24	0.40

由此可见,农村初中文化程度的人口比例上升最快,据预测具有初中文化程度的农村人口将会是农村人口中的主流。

另外,我国农民的技能素质与发达国家相比,差距也很大,根据有关统计资料,我国受过职业技术教育和培训的农业劳动力占全部农业劳动力的比重不足 20%,同发达国家相比有很大差距。

我国农民文化程度低,直接影响着他们接受新知识和各种信息的能力,制约着他们的思维水平和农村经济社会的发展。网络高科技是网络营销发展的推动力。与其他营销模式相比较,网络营销对技术的要求较高,如营销信息的采集、处理与分析,市场调研与管理决策等活动,都需要强有力的技术支持。而目前国内农产品企业网络营销的整体发展还处在初级阶段,缺乏大量的既懂网络技术又懂农产品营销的复合型人才,这需要有一个培养过程。

我国农民的受教育程度普遍较低,对网络、电脑、科技通信的认知和使用都相对较少,有很多农民的生活方式、工作习惯、思想意识都没跟上信息化发展步伐。这一现状严重阻碍了农民使用先进的网络技术加工、销售农产品。

网络销售农产品并没有我们想象得那么简单,这一工作的开展,需要综合型的人才,既要懂网络技术,又要懂销售方面的知识。除此之外,技术不先进、人力不足也是制约农产品进行网络销售的关键因素。

三、农产品网络消费群体尚未形成,农产品自身的缺陷制约着网络营销的进行

网络营销的发展依赖于一个具有一定规模的网上消费群体,即必要的客户基础。而这个群体的壮大除了基础设施的建设外,网民的购物习惯的改变更需要引导。据有关调查,通过网络来消费农产品的最终消费者很少,究其原因,既有中国农产品网络营销开展不力的因素,也有消费者还习惯于"菜篮子、车筐子"的传统日常购买模式,进超市购买标准化农产品以及网上定购、社区配送的方式还没有被普遍接受。

农产品自身的缺陷制约着网络营销的进行。农产品自身有很多缺点,如运输难、周期不长、不够标准化等,这些缺点的存在,也严重阻碍了农产品进行网络销售。而因为农产品生产具有很强的季节性、分散性,同时生产规模不够大,也导致了市场供需矛盾的产生。

第一,各农户分散进行农产品的生产,难成规模,不方便农产品快速集中。

第二,各农户在生产时,工艺不统一,标准不统一,难以满足农产品的同一性。

第三,多数农产品有生鲜特点,特别是一些鲜活农产品,它们的保鲜期相对较短,容易腐烂。因此,农产品的销售对运输条件和运输效率的要求是极高的。

第四,种植技术对农产品生产的影响是十分大的。同时,因为受到各种因素的影响,农产品的质量变化较为普遍,仅依靠网络宣传,顾客很难甄别农产品质量,这将不利于农产品网络销售的开展。

四、农产品网络营销处于低级阶段,品牌营销有待夯实

品牌经营是市场营销的高级阶段,是网络营销的基础与灵魂。网络营销只有建立在知名度高、商业信誉好、服务体系完备的农产品企业品牌的基础上,才能产生巨大的号召力与吸引力,广大用户才能接受农产品网上购买等新的交易方式,摒弃传统的实物现场购买农产品的习惯。而当下我国的农产品

尚缺乏科学化、现代化、规范化的品牌战略的系统营销。

目前,国内一些农产品企业只是建立了一个网站,借助网络技术做做网络广告、促销宣传、农产品介绍、信息发布、价值查询以及收发电子邮件等简单业务。有的企业甚至只是将企业的厂名、简介、农产品品种、通信地址、电话等简单信息挂在网上而已。事实上,以上所述的几种网络业务根本不能等同于网络营销。企业只有通过大力探索各种具体的营销业务,如电子商务、网上调研、网上新产品开发、网上分销、网上服务等,才能充分利用网络资源,并不断向网络营销靠拢,创建自己的农产品品牌。

五、农产品网络营销的发展策略缺乏系统研究

目前,中国农产品网络营销模式还处于实践摸索和向其他行业学习的阶段,还没有形成一整套适合我国国情的农产品网络营销指导策略。一些农产品网络营销的开展只习惯于沿用过去传统实体市场的营销策略,不常用与网络营销相适应的营销策略,不注意在经营过程中提高企业经营水平,培育企业顾客资源,革新企业技术,进行企业重组,扩大企业竞争优势等等。同国外农产品网络营销或其他行业的网络营销相比还有较大的差距,因而农产品网络营销的诸多优势在国内农产品营销中尚未体现出来。

六、政府对农产品网络营销的重视程度不够

网络营销具有全局性、综合性、整体性与复杂性等特点。而在我国,网络营销又表现为跨地区、跨部门、跨所有制经营,各方的利益及运作需要协调和规范,需要在政府的宏观管理和指导下,建立规范和科学的协调机制。

我国目前农业信息发布与收集的状况是,各个部门都在搞自己的农业信息网站,没有通过立法与制度规范统一协调来保证农业信息的科学性、系统性、真实性、及时性,对农产品企业与农民生产的指导作用有限。政府信息网站没有很好地履行自己的职能,农业信息网内容大多是由产品供求信息、专家咨询、政策指导、技术服务等几个方面构成,网站的内容相对较少且更新较慢,有许多网站如县、乡一级的网站还仅有框架,实质性的内容并不多。既没能很好地发挥中国农产品的宏观调控作用,又因各部门重复建设造成资源浪费。

农业信息化是实现农村现代化的必由之路,也是一项艰巨复杂的系统工程。而一些农村干部不重视网络技术,令电子商务在中国农村也遭受到了冷

遇。究其原因,许多农村干部对网络知识缺乏基本认识,他们不熟悉网络技术,对网络将给农业生产带来的影响模糊不清,更谈不上深刻理解,缺乏帮助农民上网的培训或技术指导。

任务五　农产品网络营销面临的威胁

一、安全问题

(一)技术安全问题

目前,企业对网上交易最担心的问题之一是支付的安全问题,有 1/3 的企业对网上交易的安全性表示担心。这主要是因为目前缺乏满足网络营销所要求的交易费用支付和结算手段,银行的电子化水平不高,安全性差,银行之间相对封闭。虽然已经有中国银行、招商银行等先行者,但远不能满足全面网络营销的要求,消费者面临网上欺诈的危险,害怕自己的信用卡号码被盗用,担心个人隐私被泄露。而企业与企业之间安全、快捷的资金结算更有很长的一段路要走。因此,建立一个安全的交易环境将是网络营销亟待解决的问题。

技术安全问题主要表现在以下方面:信息泄漏,在电子商务中表现为商业机密的泄漏,主要包括交易双方进行交易的内容被第三方窃取并非法使用;篡改,在电子商务中表现为商业信息的真实性和完整性的问题、身份识别问题、电脑病毒问题、黑客问题。

(二)信用安全问题

在电子商务全球化的发展趋势中,电子商务交易的信用危机也悄然袭来,虚假交易、假冒行为、合同诈骗、网上拍卖哄抬标的、侵犯消费者合法权益等各种违法违规行为屡屡发生,这些现象在很大程度上制约了我国电子商务乃至全球电子商务快速、健康的发展。我国的信用体系还不健全,假冒伪劣商品屡禁不止,坑蒙、欺诈时有发生,市场行为缺乏必要的自律和严厉的社会监督。消费者担心将款汇出后得不到应有的商品。企业担心拿到的信用卡是盗用的而使收款出问题。因此,要发展网络营销,必须加速培育市场,创造比较成熟和规范的社会信用环境。这就需要建立并完善相应的法律法规和认证制度。

有关信用安全问题的安全要素主要有有效性、可靠性(不可抵赖性、鉴别）。电子商务（EC）以电子形式取代了纸张，那么如何保证这种电子形式的贸易信息的有效性则是开展电子商务活动的前提。电子商务作为贸易的一种形式，其信息的有效性将直接关系到个人、企业或国家的经济利益和声誉。因此，电子商务作为贸易的一种手段，其信息直接代表着个人、企业或国家的商业机密完整性，要预防对信息的随意生成、修改和删除，同时要防止数据传送过程中信息的丢失和重复，并保证信息传送次序的统一。电子商务可能直接关系到贸易双方的商业交易，如何确定要进行交易的贸易方正是进行交易所期望的贸易方这一问题则是保证电子商务顺利进行的关键。

因此，要在交易信息的传输过程中为参与交易的个人、企业或国家提供可靠的标识即需性。即需性是防止延迟或拒绝服务，即需安全威胁的目的就在于破坏正常的计算机处理或完全拒绝服务。身份认证，交易双方可以相互确认彼此的真实身份，确认对方就是本次交易中所称的真正交易方审查能力，根据机密性和完整性的要求，应对数据审查的结果进行记录。审查能力是指每个经授权用户活动的唯一标识和监控，以便对其所使用的操作内容进行审计和跟踪。

（三）电子商务采用的主要安全技术及其标准规范

考虑到安全服务各方面要求的技术方案已经研究制定出来了，安全服务可在网络上任何一处加以实施。但是，在两个贸易伙伴间进行的电子商务，安全服务通常是以"端到端"的形式实施的，即不考虑通信网络及其节点上所实施的安全措施。所实施安全的等级则是在预防了潜在的安全危机、采取安全措施的代价及要保护信息的价值等因素后确定的。这里将介绍电子商务应用过程中主要采用的几种安全技术及其相关标准规范。

防火墙是在内部网与外部网之间实施安全防范的系统，可被认为是一种访问控制机制，用于确定哪些内部服务允许外部访问，以及允许哪些外部服务访问内部服务。实现防火墙技术的主要途径有数据包过滤、应用网关和代理服务。目前，我国网络安全的保障主要依靠技术上的不断升级，实践过程中大多是强调用户的自我保护，要求设置复杂密码和防火墙。但是，网络安全作为一个综合性课题，涉及面广，包含内容多，无论采用何种加密技术或其他方面的预防措施，都只能给实施网络犯罪增加一些困难，不能彻底解决问题。单纯从技术角度只能被动地解决一个方面的问题,而不能长远、全面地规范、保障网络安全。从根本上对网络犯罪进行防范与干预,还是要依靠法律的威严。通过制定网络法律,充分利用法律的规范性、稳定性、普遍性、强制性,才能有效地保护网络使用者的合法权益,增强对网络破坏者的打击处罚力度。因此,安全立法势在必行。

事实上,我国对信息网络的立法工作一直十分重视。自1996年以来,政府已颁布实施了一系列有关计算机及国际互联网络的法规、部门规章或条例,内容涵盖国际互联网管理、信息安全、国际信道、域名注册、密码管理等多个方面。例如,1996年2月1日颁布的《中华人民共和国计算机信息网络国际联网管理暂行规定》,同年4月9日原邮电部就公共商用网颁布的《中国公共计算机互联网国际联网管理办法》以及《计算机信息网络国际联网出入口信道管理办法》等。但随着网络应用向纵深发展,原来颁布实施的一系列网络法律法规中,已有部分明显滞后,一些关于网络行为的认定过于原则或笼统,缺乏可操作性。

目前,世界各国政府正在寻求提高信息安全的法律手段。我国也正在积极采取措施,对原有的法规进行相应的修改。在这一作用力的推动下,人们将会看到越来越多的安全法规出台。当前,建设一个较为完善的网络法规应当在这几个方面有所规范:网络资源的管理、域名管理,网络系统的建构,网络内容信息、服务信息发布,网站和电子公告牌的登记、审查、筛选,对网络使用人言论的控制等,电子商务及相关约定,契约与商业约定,使用人与网络服务业间的使用契约,网络服务业彼此间的约定,如何签订契约等对宪法保障的基本权利产生的新影响,著作权、隐私权、商业秘密、商标权、名誉权、肖像权、专利权以及财产权、生命权等。

除此之外,网络立法还应注意两方面问题。第一,网络立法要强制与激励并行;第二,网络立法要考虑到规范实现的可能性。由于网络正处于发展阶段,一些深层次的矛盾还没有暴露出来,立法有可能打乱现行法律体系,或与已有的法律重复乃至冲突。因此,将网络立法付诸实践还是一件相当困难的事情,网络立法本身也需要根据现实发展不断做出调整。但无论如何,网络立法势在必行,这是保障网络健康发展的需要,也是信息社会进一步发展的需要。

二、电子支付问题

(一)电子支付

电子商务支付是指以商用电子化工具和各类电子货币为媒介,以计算机技术和通信技术为手段,通过电子数据存储和传递的形式在计算机网络系统上实现资金的流通和支付。由于运作模式的不同,各种支付系统在安全性、风险性和支付效率等方面有着不同的特点。

电子货币只有保证通过网络进行价值交换才能更为安全。例如,一种安全的数字货币应采用有效的加密算法,而这种加密算法既可以通过安装加密支持的硬件来实现,也可以通过确保网络通信安全的机制来实现。尽管各种电子货币及其标记可能具有不同的实体形态,比如非数字现金支付系统和数字现金支付系统,但以下的特征却是任何一种数字货币支付系统都应具备的:(1)货币的价值;(2)便利性;(3)安全性;(4)认证性;(5)不可反悔性;(6)可获得性和可靠性;(7)匿名性。

(二)电子支付系统的风险分析

互联网是一个开放性的网络,因此如何确保支付的安全性是电子商务支付的关键。采用非数字现金支付模式时,安全问题的焦点在于支付信息的保密性和完整性。其中,PSC(公共部门比较值 Public Sector Comparator)模式在互联网上传输的是非敏感信息,而敏感信息集中掌握在第三方中介 TTP(通信协议 Time-Triggered Protocol)的数据库中,所以 PSC 模式安全问题的关键在于 TTP 的可信度。NFT(非同质化代币 Non-FungibleToken)模式在互联网上传输的是敏感信息,安全问题的关键在于如何通过特定加密技术和安全交易协议(如 SET 协议或 SLL 协议)来满足传输信息对保密性和完整性的要求。

1. 电子商务信用安全问题日益突出

随着金融界向电子化、数字化、网络化的发展,许多银行顺应形势相继推出了网上银行、自助银行、客户服务中心、手机银行等,人们可以通过国际互联网连接在一起,随时随地进行信息交流、电子商务活动。在享受计算机网络所带来的便利的同时,计算机网络安全及其管理问题日益突出。安全问题涉及许多方面,但主要体现在支付上。银行应尽快具备安全支付的条件,离开银行,便无法完成网上交易的支付,从而也谈不上真正意义的电子商务。现在银行不愿意直接进行支付,而是由中间体进行转换,但这只是一种过渡形式。我国银行业已经开通了安全认证服务,通过向电子商务参与方发放数字证书来确认各方的身份,保证网上支付的安全性,对防范支付风险将起到积极的作用。有两个方面问题还需要注意。第一,不能停留在 AC(交流电 Alternating Cur-rent)上,需要向 PKI(公钥基础设施 Public Key Infrastructure)的功能迈进,提供更全面的安全能力;第二,政策上要体现出在统一规划的基础上,金融业共同参与建设、共同得到利益的精神。互联网之所以能发展这么快,就是体现了社会各方积极参与,共同进步,大家获益。要保证电子商务的顺利进行,技术设施也要满足要求。必须分析一下什么样的网上支付运作机制适合国情,能满足要求。SET(安全电子交易 Secure Electronic Transaction)为我们提供了一种网上支付的安全协议,在严谨的同时也造成了复杂,《应用密码学》的作者布鲁斯·斯奈尔就反复强调一个观点,即"复杂是安全的最坏的敌人"。

2. 电子商务支付信用安全问题的关键

电子商务网上公用认证中心的建立及网上银行互相联网的问题,同银行信用卡的情况相似,中国金融认证中心(CFCA)颁发的电子证书仍然有各自为政、交叉混乱的缺陷,身份认证系统不完善、不统一,认证作用只是保证一对一的网上交易安全可信,而不能保证多家统一联网交易的便利。商业银行之间使用的安全协议各不相同,既造成劳动的重复低效以及人力物力的浪费,也影响网上银行的服务效率。在支付安全系统方面,招商银行网上交易中的货币支付是通过该行"一网通"网络支付系统实现的,该支付系统采用业务及网上通信协议,即 SSL 技术双重安全机制;建设银行采用给客户发放认证卡的方式;中国银行在个人支付方面采用 SET 协议进行安全控制,而在对企业认证方面则采用 SSL 协议。

由于受制度和技术的瓶颈制约,银行卡全国联网通用的计划迟迟不能实行。电子货币与现金相比一般来说应该更为安全。但是,电子货币一旦出问题,损失也将是巨大的。

　　大部分计算机硬件设备主要依靠从国外进口,许多国产的安全产品其核心技术也是国外的,这些都成为网络金融安全的隐患。虽然迄今还没有某家银行网站被黑客入侵的案例,但多数客户仍心存顾虑,不敢在网上传送自己的信用卡卡号等关键信息,这就严重制约了网上银行的业务发展。

　　如何实现信息传输的安全性,是电子商务支付和网上银行面临的重要课题。网络安全是一项浩大的系统工程,需要全社会的共同努力。一是网上安全必须规范化,建立一整套规范措施;二是要增强安全防范意识;三是需要信息产业、工商企业、银行及公安等多部门的协调配合;四是要有完善的安全技术和硬件设施。

三、农产品物流配送问题

　　改革开放以来,随着农产品生产供应能力的提高和农业农村经济发展的需要,农产品市场逐步放开,批发市场、集贸市场为载体,农民经纪人、运销商贩、中介组织、加工企业为主体,以产品集散、现货交易为基本流通模式。物流主体呈现无序性、多元化特征。

　　我国农产品物流设施技术手段比较落后,很难达到和适应现代化物流的要求与国际发展趋势。例如,我国蔬菜的储藏、保鲜及加工水平较低,大多数集市贸易和批发市场仍大量采用肩挑、手提和各种各样人力车作为运载工具。直到目前为止,国内依然缺乏系统化、专业化的全国性农产品货物配送企业,规模效益难以实现,设施利用率低,而商品的长途运输或者邮递的巨大成本以及时间上的延迟足以使消费者望而却步。

　　目前,农产品网络营销配送需求尚未达到物流企业所需的最低规模化运作要求,加之互联网的无边界性特点导致了农产品网络营销客户区域的分散与不确定性,少量的供给和过于分散的配送网络,使物流企业无法分摊较高的固定成本而难以降低服务价格。顾客除支付商品价格外,还需支付运费,这有可能使网上企业失去由于成本降低而带来的价格优势。更要考虑到顾客有可能需要等很长时间才能取到商品,网上购物的方便性、快捷性无从体现。

　　我国物流业经过几十年的发展,已取得不少成绩,但随着网络营销的兴起,它的发展就显得力不从心。物流费用高、速度慢、效率低等现象一直困扰着网络营销的发展。目前我国网络营销中物流配送存在的问题有重商流、轻物流,重信息网、轻物流网,物流基础设施不完善,物流技术落后,物流企业电子化、集成化程度低,物流人才缺乏,物流服务单一化,没有建立适应网络营销环境的物流配送体系等。随着我国加入世贸组织,外资物流企业凭借熟练的物流操作手段、高度专业化作业方式等方面的优势对我国物流业构成了强烈的冲击。而刚刚起步的我国少数现代物流企业还拒农产品于门外。

四、商业风险问题

在全球网络营销的大环境下,贸易全球化、自由化给中国农产品网络营销带来的威胁是巨大的,即必须按照国际通用的规则运行,必须承受国外强势农产品的冲击,必须迎接国际化大公司的挑战。

尽管中国部分农产品有较明显的优势,但总的出口贸易水平还比较低。例如,水果类产品,目前的出口量占比较小,每年都有大量的果品积压。主要原因包括以下几点:

一是农业生产技术包括种植或饲养、加工、保鲜、检疫、物流配送技术等与西方发达国家相比有较大的差距。

二是农产品品种结构雷同,品质低,产业加工链较短,农产品附加值低。

三是出口市场比较单一,主要集中在华人居住地区或周边一些国家和地区。

四是农产品流通组织性差,贸易成本偏高,一方面缺乏成规模、有实力的流通组织,另一方面农户经营规模小而不能直接进入市场。

五是农产品营销观念、手段滞后等。

中国关税减让,市场适度放开,受利益驱动的欧美等发达国家的国际化大公司,凭借其完善的产业化经营体系,先进的技术设备,优质品种,现代营销理念及其强劲的营销攻势,必然希望打入中国农产品市场,占有中国农产品市场。市场竞争由国际转入国内。一方面是开放市场,另一方面是减少贸易保护。这样国外强势农产品对国内农产品市场的威胁不可避免,其结果将引起国内市场农产品价格下跌,引发市场波动,进一步加重国内主要农产品"卖难"的矛盾,引起流通渠道的混乱,从而影响农民收入的增加,挫伤农民的生产积极性,也给中国农产品的网络营销带来巨大的商业风险。

◇ 课题二　农产品网络营销基本概念和特点

了解掌握农产品网络营销的基本概念和特点,不仅有助于农产品网络营销学术理论的深入探讨,而且有利于农产品网络营销商务实践的持续推进及健康发展,是一项不可或缺的基础性工作。

任务一　农产品网络营销概念

一、网络营销

(一)网络营销观念和市场的变迁

网络营销是 20 世纪末出现的一种新的营销方式,是营销实践与现代通信技术、计算机技术和网络技术相结合的产物。随着互联网技术日渐成熟,其独特的超越时间约束和空间限制进行信息交易的特点与优势,使得营销活动脱离时空限制达成交易成为可能。这种没有物理距离的时空观,即人们常说的电子时空观(Cyberspace)。时空观念的重组,使得经营者与顾客可以在更大的空间、更多的时间有更多的交易机会进行营销活动。如经营者与顾客间通过网络可以每周 7 天、每天 24 小时随时随地进行商品交易活动。

在网络化时代,通过网络营销这种手段,产品的生产者会更多地直接面对消费者,而以往那种层层批转的中间商业机构的作用将逐渐淡化。

(1)生产者和消费者直接网上交易。在网络环境中,生产厂家和消费者可以通过网络直接进行商品交易。这种交易避开了某些传统的商业流通环节,因而更加直接和自由化。它对传统的商业市场运作模式产生了巨大的冲击。

(2)市场的多样化、个性化和时代化。部分传统的商业运作模式将被基于网络的电子商贸所取代,市场将趋于多样化。不同的企业、不同的系统、不同的产品将千方百计地在网上营造自己的营销模式来吸引客户。由于当代信息网络具有互动性的特点,这时的市场会更显个性化和时代化。

(3)市场细分彻底化。随着市场环境和运作方式的发展,目前市场经历了同质市场到市场细分的变化,主要体现在市场的划分越来越细和越来越个性化。只有在网络的环境下,才可能把这两个方面的趋势推向极致,演变成为一场针对每一个消费者的营销模式。

(4)商品流通和交易方式改变,在网络环境下,商品流通和交易方式将发生一系列的改变。这主要体现在中间商地位的逐渐弱化、营销活动的日益全球化、实物交易操作的无纸化等方面。

(5)广阔的经营空间。网络技术的发展使市场的范围突破了空间限制。网络营销市场面对的是开放的和全球化的市场,从过去受地理位置限制的局部市场一下子拓展到范围广泛的全球性市场。面对提供了无限商机的互联网,企业可以积极地加入进去,开展全球性的营销活动。

(6)全天候的经营时间。网络市场上的虚拟商店可以每天24小时全天候提供服务,一年365天持续营业,方便了消费者的购买,特别是对于平时工作繁忙、无暇购物的人来说,具有更大的吸引力。

(7)无店铺的经营方式。网络市场上的虚拟商店,只需将互联网作为媒体,而不需要店面、装饰摆放的商品和服务人员等。

(8)低库存的经营方式。网络市场的虚拟商店,可以在接到顾客订单后,再向制造的厂家订货,而无须将商品陈列出来供顾客选择,只需在网页上打出货物菜单即可。特别是随着社会的发展,网络市场上的消费需求向个性化的趋势发展,这样就更无须进行商品的存储。这样店家不会因为存货而增加成本。

(9)成本低廉的竞争策略。普通商店在经营过程中,需要支付店面租金、装饰费用、电费、营业税及人员的管理费等,而网络市场上的虚拟商店只需支付自设网站及网页成本、软硬件费用、网络使用费以及以后的维持费用。这样就大大降低了成本,其售价一般比传统商店要低,有利于增强网络商家和网络市场的竞争力。

(10)精简化的营销环节。网络技术的发展使消费者的个性化需求成为可能,消费者由原来的被动接受转变为主动参与。顾客不必等待企业的帮助,就可以自行查询所需产品的信息,还可以根据自己的需求自助下单,参与产品的设计制造和更新换代,使企业的营销环节大为简化。

由传统的实体化市场发展到网络市场是一种质的飞跃,网络市场具有传统市场所不具备的特点,而这些特点正是网络市场的优势所在。随着现代信息和通信技术的发展,网络经济开始掀起狂潮。网络改变了人们以往的商业交往方式,扩大了产品的宣传力度,为企业带来了机遇和新的发展方式。越来越多的企业认识到了网络的力量,注重开展新的销售渠道和市场,纷纷开始利用科技制高点来为企业增强竞争优势。

根据美国《财富》杂志的统计,全球 500 强企业公司基本上已经都在网上开展了营销业务。根据美国 Price waterhouse Coopers 在 2008 年度进行的调查,我们可以得获知网上营销情况,见表 2-1。

表 2-1　网上营销覆盖比例

企业开设站点内容	已开通服务企业比例	未开通服务企业比例
网站列举产品服务信息及报价	100％	0
接受网上订单	40％	60％
实现网上交易	28％	72％

由表 2-1 可知,大部分企业通过网络进行营销的前景比较乐观。

2020 年 4 月 28 日,中国互联网络信息中心(CNNIC)发布第 45 次《中国互联网络发展状况统计报告》(以下简称《报告》)。《报告》围绕互联网基础建设、网民规模及结构、互联网应用发展、互联网政务发展、产业与技术发展和互联网安全等六个方面,力求通过多角度、全方位的数据展现,综合反映 2019 年及 2020 年年初我国互联网发展状况。

《报告》显示,截至 2020 年 3 月,我国网民规模为 9.04 亿,互联网普及率达 64.5％。庞大的网民构成了中国蓬勃发展的消费市场,也为数字经济发展打下了坚实的用户基础。中国互联网络信息中心主任曾宇指出,当前,数字经济已成为经济增长的新动能,新业态、新模式层出不穷。在此次新冠肺炎疫情中,数字经济在保障消费和就业、推动复工复产等方面发挥了重要作用,展现出了强大的增长潜力。

近年来,我国电商产业发展迅速。数据显示,2019 年,全国电商交易额达 34.81 万亿元,同比增长 6.7%。其中,商品、服务类电商交易额达 33.76 万亿元,占比约 97%;合约类电商交易额达 1.05 万亿元,占比约 3%。从电商交易额按区域分布来看,2019 年,我国东部地区的电商交易规模最大;从我国电商平台的区域分布来看,2019 年,我国东部地区的电商平台数量最多。

2020 年,我国网络零售市场的规模已超过美国,目前成为世界上最大的网络零售市场。我国的网络市场逐渐步入良性循环,成为一个新兴、有魅力而且潜力巨大的市场,后期网络营销的运用会加大发展力度,成为主流趋势。

(二)网络营销的定义

网络营销是以现代营销理论为基础,借助网络、通信和数字媒体技术实现营销目标的商务活动。是科技进步、顾客价值变革、市场竞争等综合因素促成的;是信息化社会的必然产物;是企业整体营销战略的一个组成部分,借助于互联网特性来实现一定营销目标的营销手段。

网络营销也是指组织或个人基于开发便捷的互联网,对产品、服务所做的一系列经营活动,从而达到满足组织或个人需求的全过程。

网络营销根据其实现方式有广义和狭义之分。广义地说,企业利用一切网络进行的营销活动,都可以被称为网络营销;狭义地说,凡是以国际互联网为主要营销手段,为达到一定营销目标而开展的营销活动,都可能被称为网络营销。

2016 年的"网络营销"概念是:网络营销是基于互联网和社会关系网络连接企业、用户及公众,向用户与公众传递有价值的信息和服务,为实现顾客价值及企业营销目标所进行的规划、实施及运营管理活动。

与 2015 年之前传统的网络营销定义相比,2016 年的"网络营销"定义体现了一些新的特点。

(1)体现了网络营销的生态思维。网络营销以互联网为技术基础,但连接的不仅仅是电脑和其他智能设备,更重要的是建立了企业与用户及公众的连接。连接成为网络营销的基础。

(2)突出了网络营销中人的核心地位。通过互联网建立的社会关系网络，核心是人，人是网络营销的核心，一切以人为出发点，而不是网络技术、设备、程序或网页内容。

(3)强调了网络营销的顾客价值。为顾客创造价值是网络营销的出发点和目标，网络营销是一个以顾客为核心的价值关系网络。

(4)延续了网络营销活动的系统性。网络营销的系统性是经过长期实践检验的基本原则之一，网络营销的内容包括规划、实施及运营管理，而不仅仅是某种方法或某个平台的应用，"只见树木，不见森林"的操作模式是对网络营销的片面认识。

关于网络营销定义，这里需要说明以下几点：

(1)网络营销不是孤立存在的。网络营销是企业整体营销战略的一个组成部分，网络营销活动不可能脱离一般营销环境而独立存在，在很多情况下，网络营销理论是传统营销理论在互联网环境中的应用和发展。

(2)网络营销不等于网上销售。网络营销是为最终实现产品销售、提升品牌形象的目的而进行的活动。网上销售是网络营销发展到一定阶段产生的结果。因此，网络营销本身并不等于网上销售。网络营销是进行产品或者品牌的深度曝光。

(3)网络营销不等于电子商务。网络营销和电子商务是一对紧密相关又有明显区别的概念，两者很容易混淆。电子商务的内涵很广，其核心是电子化交易。电子商务强调的是交易方式和交易过程的各个环节。网络营销的定义已经表明，网络营销是企业整体战略的一个组成部分。网络营销本身并不是一个完整的商业交易过程，而是为促成电子化交易提供支持，因而是电子商务中的一个重要环节，尤其是在交易发生前，网络营销发挥着主要的信息传递作用。

网络营销的信息传递具有信息传递效率更高、信息传递方式多样化、信息传递渠道多样化、信息传递方向双向交互和信息传递噪音屏障的特点。

任务二 农产品网络营销的特点

农产品网络营销,指在农产品销售过中全面导入电子商务系统,利用计算机技术、信息技术、商务技术对农产品的信息进行收集与发布。依托农产品生产基地与物流配送系统,开拓农产品网络销售渠道,以达到提高农产品品牌形象、增进顾客关系、改善顾客服务、开拓销售渠道的一种新型营销方式。开展农产品网络营销可以使得农产品营销空间更广阔,实现交易双方互动式沟通,进而提高客户关系管理水平,并降低营销成本。然而,我国农产品的网络营销才刚刚起步,还有许多地方不完善,没有形成一个完善的体系。如何构建农产品网络营销体系,从而促进农产品的高效流通,对解决农产品"卖难"的问题具有重要的现实意义。

不能将农产品网络营销简单地等同于网上销售。农产品网络营销是农产品网上市场的调查、网上消费者行为分析、农产品网络营销策略的制定、网上产品和服务的价格的制定、网上渠道的选择、网上促销广告的选择、网络营销管理与控制、网站的设计与制定等一系列的市场营销策略的应用。

对于大部分的农民来说,互联网是十分陌生的,但也是能够帮助他们增加效益的。互联网不仅仅能帮助农民将产品销往世界各地,同时还打破了传统的销售模式与局限。例如,由于农产品的地域局限性或是时间局限性等产生的销售呆滞,在经过网上交易之后将大为改善。

通过农产品网络营销,我们不仅可以及时了解到农产品品种、数量、价格、产地来源等相关信息,还可以通过线上交易的这种模式,全面了解消费者对商品的评价,与其他厂家商品进行比较,并与买方进行互动交流等,更加方便顾客的购买。农产品网络营销是传统营销在网络时代的延伸与发展,是市场营销策略的一部分。农产品网络营销并不是区别于市场营销而独立存在的,它是传统营销在新时代下的新应用。

通过归纳总结,农产品网络营销具有如下特点与优势:

(1)网络媒介具有传播范围广、速度快、无地域限制、无时间约束、内容详尽、多媒体传送、形象生动、双向交流、反馈迅速等特点,可以有效降低企业营销信息传播的成本。

(2)网络销售无店面租金成本,且可实现产品直销功能,能帮助企业减轻库存压力,降低运营成本。

(3)国际互联网覆盖全球市场,通过它企业可方便快捷地进入任何一国市场。尤其是世贸组织第二次部长会议决定在下次部长会议之前不对网络贸易征收关税,网络营销更为企业架起了一座通向国际市场的绿色通道。

(4)网络营销具有交互性和纵深性,它不同于传统媒体的信息单向传播,而是信息互动传播。通过链接,用户只需简单地点击鼠标,就可以从厂商的相关站点中得到更多、更详尽的信息。另外,用户可以通过广告位直接填写并提交在线表单信息,厂商可以随时得到宝贵的用户反馈信息,进一步减少了用户和企业、品牌之间的距离。同时,网络营销可以提供进一步的产品查询需求。

(5)成本低、速度快、更改灵活。网络营销制作周期短,即使在较短的周期进行投放,也可以根据客户的需求很快完成制作,而传统广告制作成本高,投放周期固定。

(6)多维营销。纸质媒体是二维的,而网络营销则是多维的。它能将文字、图像和声音有机地组合在一起,传递多感官的信息,让顾客如身临其境般感受商品或服务。网络营销的载体基本上是多媒体、超文本格式文件,广告受众可以对其感兴趣的产品信息进行更详细的了解,使消费者能亲身体验产品、服务与品牌。

(7)具有针对性。通过提供众多的免费服务,网站一般都能建立完整的用户数据库,包括用户的地域分布、年龄、性别、收入、职业、婚姻状况、爱好等。

(8)有可重复性和可检索性。网络营销可以将文字、声音、画面结合之后供用户自主检索,重复观看。而与之相比,电视广告却是让广告受众被动地接受广告内容。

(9)受众关注度高。据资料显示,电视并不能集中人的注意力,电视观众中40％的人同时在阅读,21％的人同时在做家务,13％的人在吃喝,12％的人在玩赏他物,10％的人在烹饪,9％的人在写作,8％的人在打电话。而网上用户55％的人在使用计算机时不做任何其他事,只有6％的人同时在打电话,5％的人在吃喝,4％的人在写作。

(10)网络营销缩短了媒体投放的进程,广告主在传统媒体上进行市场推广一般要经过三个阶段：市场开发期、市场巩固期和市场维持期。在这三个阶段中，厂商要首先获取注意力，创立品牌知名度；在消费者获得品牌的初步信息后，推广更为详细的产品信息；然后是建立和消费者之间较为牢固的联系，以建立品牌忠诚。而互联网将这三个阶段合并在一次广告投放中实现：消费者看到网络营销，点击后获得详细信息，并填写用户资料或直接参与广告主的市场活动，甚至直接在网上实施购买行为。

综上，我们从网络营销的时空观念的转变、网络营销的特点等展开论述，指出网络营销是适应网络时代到来的一种新的营销方式。农产品网络营销是把计算机技术、通信技术、商务技术融于一体的一种崭新的营销方式。网络营销并不是取代农产品的传统营销方式，只有把农产品的网络营销与传统营销二者有机地整合，才能更有助于促进网络经济时代农产品的流通。

任务三 农产品网络营销的理论基础

一、"4P"理论

"4P"理论诞生于20世纪的美国，"4P"是营销学名词。美国营销学学者麦卡锡教授在20世纪的60年代提出的"产品（product）、价格（price）、渠道（place）、推广（promotion）"四大营销组合策略，即"4P"理论：一是产品，即特定的产品以及与此配套的服务品牌等；二是价格，即根据市场整体发展状况制定价格及相关优惠活动；三是渠道，即产品流通的相关渠道、地点；四是推广，包括品牌宣传（广告）、公关、促销等一系列的营销行为。这四个方面的组合依据企业内外营销环境进行调整。"4P"理论为企业的营销策划提供了一个有用的框架。不过"4P"理论是站在企业立场上的，而不是客户立场上的。

二、网络数据库营销理论

目前，对网络数据库比较公认的定义，是把数据库技术引入计算机网络系统中，借助于网络技术将存储在数据库中的大量信息及时发布出去，而计算机网络则借助于成熟的数据库技术对网络中的各种数据进行有效管理，并实现用户与网络中的数据库进行实时的动态数据交互。网络简单易用的界面、良好的开放性、标准的趋于统一等特点使用户能够快速、经济地访问世界各地的信息,可实现资源共享。网络数据库是数据库技术与网络技术相结合的产物。基于网络的数据库使人们不再局限于通过局域网使用数据库,而是可以把网络浏览器用作用户界面,通过网络远程访问数据库,所得到的分析结果也可以借助网络服务器迅速发布。

现在对于网络数据库营销的科学定义还没有形成一个统一的定论。有的学者将"网络数据库营销"定义为"一种交互式营销处理方法",营销媒体和营销渠道主要是互联网,同时还包括电话和销售人员,将公司的目标顾客、潜在顾客的资料,以及进行的交流沟通和商业往来信息存储在计算机的数据库中,对顾客提供更多的及时服务,发现顾客新的潜在需求,加强与顾客的紧密联系,帮助公司改进营销方法和营销策略,使公司能系统了解市场和把握市场,更好地满足市场需求。

大多数定义"网络数据库营销"为:它是一种企业与顾客之间交互式的营销处理方法,主要通过计算机网络将企业的目标顾客、潜在顾客的资料,市场信息,以及进行的交流沟通和商业往来等数据收集、存储在网络数据库中,经过数据挖掘、筛选、处理等一系列数据库技术分析后,可以精确地了解消费者的需求、购买欲望及购买能力等信息,并且通过网络将这些信息在企业、顾客、供应商以及企业员工内部之间进行沟通和共享,在此基础上制定出更加理性化、个性化的营销方法和营销策略,为顾客提供个性化的产品与服务,达到满足顾客需求与企业盈利的双赢目的。

网络数据库营销的这个定义突出强调了以下五点:

一是强调了实施网络数据库营销的主要物质技术基础是网络数据库。

二是强调了数据收集的方法主要是通过计算机网络,收集数据之后,还要经过数据挖掘、筛选、处理等一系列数据库技术分析。

三是强调了通过网络在企业、顾客、供应商以及企业员工内部之间进行信息沟通与共享。

四是强调了其营销方法和策略理性化、个性化的特点,企业应该为顾客提供个性化的产品与服务。

五是强调了实施网络数据库营销的目标是实现顾客需求的满足与企业盈利的双赢。

网络数据库营销的基本内涵在于以下几点：

一是网络数据库营销首先要将企业数据库与企业网站连接起来，将每个顾客的交易数据及其他有关信息数据存放到网络数据库中，通过现代数据挖掘技术分析数据，进而了解顾客的消费特点和消费需求。

二是网络数据库营销是以区分营销开始的，是根据对客户的价值和行为不同进行分类，针对不同类型的客户采用与其相对应的营销策略和服务策略。

三是网络数据库营销的一个核心是对于营销的回报要进行预测，在做小规模的测试成功之后，再做大规模的推广。这得益于企业网站能对客户的数据进行自动记录，在分析把握客户需求特点进行试销时，能够及时有效地进行测试，分析出企业可能得到的回报。

四是网络数据库营销就其本质来说，就是提供了一个在网络环境下的关于市场行情和顾客信息的网络数据库，存储现有顾客和潜在顾客的大量信息，经过处理后能预测消费者有多大可能去购买某种产品，以及利用这些信息给产品以精确定位，有针对性地制作营销信息以说服消费者去购买该产品。

总之，网络数据库营销有以下三个主要特点：

一是动态更新，把营销过程中有关的农产品信息、顾客信息等进行实时的更新，这样不仅能节约大量的时间，还能实现精准定位。

二是合理设计录入顾客个人信息的表单，从顾客利益角度出发，合理利用客户主动性，丰富数据库。

三是根据顾客的喜好，在网络营销规划时就有计划地根据不同顾客特征定制个性服务，以此取得顾客满意度的提升。网络数据库能够建立起顾客与企业之间良好的沟通关系，同时对农产品网络营销顾客分析及服务发展有促进作用。

三、关系营销理论

（一）关系营销的概念

"关系营销"（Relationship Marketing）一词是由学者贝瑞于 1983 年首先提出的。

1985 年，美国营销学者巴巴拉·本德·杰克逊在产业市场营销领域明确提出"关系营销"的概念。他认为："关系营销是指获得、建立和维持与产业用户紧密的长期关系。"

美国营销专家菲利普·科特勒称:"关系市场营销是买卖双方之间创造更亲密的工作关系与相互关系的艺术。"

美国学者巴利从服务业角度对"关系营销"的定义是,"关系营销就是在各种服务组织中有吸引力、保持和改善顾客关系"。

英国专家克利斯托夫、佩恩把"关系营销"看作是市场营销、顾客服务和质量管理的总和。摩根和亨特提出了最广泛的"关系营销"定义:"关系营销就是旨在建立、发展和保持成功的关系交换的所有营销活动。"

芬兰著名的服务营销学者格鲁诺斯教授给"关系营销"下的定义更具有概括性,且易于被人们接受,即"关系营销是管理市场关系的过程",或可以表述为"在赢利的基础上,为满足各方面的利益而识别、建立、维持和促进及必要时终止与顾客及其他利益相关者的关系的活动"。

国内较综合的观点认为,关系营销是指企业通过与主要合作伙伴之间,如供应商、顾客、经销商等构筑起长期的、满意的战略合作伙伴关系,通过互利交换及共同履行诺言使有关各方实现各自目的,从而谋求共同发展。

关系营销首先是一种过程,这个过程从识别潜在顾客开始到与现有顾客建立关系,然后是维持和促进已经建立的关系,以便产生更多的业务及良好的口碑。这一过程是企业与顾客及各种利益相关群体之间的相互交流、对话沟通、价值让渡的结果。主要有价值过程、交换过程、对话过程三种。

1. 价值过程

价值过程是关系营销的起点和终点。在关系营销中,企业只有让顾客等相关利益群体感知和欣赏双方创建、维持持续的关系价值,其关系营销的对象才会希望创建并保持这种关系。在这种情况下,企业为了让顾客感知到这种价值,甚至对企业形成依赖,企业必须要付出比交易营销更多的努力。而这种关系的建立和保持过程,以及顾客价值的最终实现都需要一个很长的过程,营销专家将之称为价值过程。

在关系营销的价值过程中,企业除了为顾客及相关利益群体等关系方提供核心价值外,还需要提供相应的附加价值,如送货、顾客培训、产品维护、零部件供应及有关的使用信息和文件等。在科技高度发展的今天,核心价值可以顺利实现。例如,依靠高科技手段,电脑的存储量、电视的清晰度都可以达到很高的程度。与此相对,附加价值的实现就显得困难多了。在这个过程中,企业必须能够并且比竞争对手更好地满足关系方的利益需求。在价值的实现过程中,相关关系方所付出的代价除了包括与价值相联系的价格外,还包括与此企业维持关系而发生的额外成本,比如因和此企业建立关系而失去与其他相关企业建立关系的机会成本等。在关系范畴中,这些额外的成本可以称为关系成本。这些关系成本是在关系方决定与某个供应商或服务企业建立关系之后发生的。当环境发生变化的时候,比如当供应商所供应的原料的价格高于同行业的竞争者,或者由于技术的革新原有的原料已经过时的时候,企业仍然维持现有供销关系的时候,关系成本就有可能提高。关系营销中,关系方对企业的认知价值可以表述为下面的公式:

关系方对企业的认知价值＝核心产品＋附加服务/(价格＋关系成本)

在这里,关系方可感知的价值与关系方愿意和企业保持关系的意愿成正比。也就是说,关系方可感知的价值越大,那么他越愿意与企业保持关系,反之亦然。

2. 交换过程

交换过程是关系营销的核心。在传统的交易营销中,交易双方的交流仅仅止于买卖双方之间实体产品与货币之间的交换。这种交易行为是偶然的,交易双方的关系可能是一次性的,双方都关注于自己的利益。而在关系营销中,交易双方交易的不仅仅是实体产品和货币,而且还应包括各种信息的交换、各种增值服务的提供,甚至是情感载体等与交易相关的其他因素。这种交易行为是长期的,双方不仅仅关注自身的利益,而且希望谋求共同的发展。而这些相关因素的提供,比如交易信息的交流,能够使交易双方感知到从关系中获得的收益,从而更加愿意维持和发展这种关系。

3. 对话过程

对话过程是关系营销的关键所在。现代社会要建立和各种利益相关群体之间的关联、关系,并取得相应的回报,企业必须要关注各种利益相关群体的反应,建立和关系方之间的互动,了解各种利益相关群体的需求,并将企业的相关信息及时地传达给相关的利益群体。

关系营销的交流应该是双向的,既可以由企业向利益相关群体开始,也可以由利益相关群体向营销方开始。如果仅仅是利益相关群体联系企业,那么利益相关群体会认为这种交流和沟通不够充分,因而也无法和某一特定企业建立特殊关系。如果企业主动和利益相关群体联系进行双向交流,对于加深关系方对企业的认识,察觉需求的变化,满足关系方的特殊需求以及维持、巩固利益相关群体的关系都具有十分重要的意义。

对话过程发生在关系双方为建立、维持、巩固、发展双方的关系的过程中。在营销过程中,虽然实体产品、服务过程、管理程序和支付手段等实际上都在向相关的利益群体传递企业的某种信息,但这些形式承载的信息量是极为有限的,在信息化高度发展的今天,信息也是不断更新变化的。因此,企业必须要积极主动地建立起和关系方之间沟通的桥梁,使信息的交流能够畅通。当企业和关系方之间出现信息交流不畅的时候,关系双方可以及时地进行沟通了解,消除误会。另外,这种对话过程还应该建立在双方平等、互惠的基础上,寻求交互中的反馈、更多的信息、有关顾客的数据和社会各界的反映。

(二)关系营销的基本特征

1. 双向的信息沟通与交流

在营销活动中着重强调双方的信息沟通与交流过程,是关系营销的一个显著的特征。在信息双向的交流和沟通中,关系双方能够最大限度地减小信息不完全或信息不对称带给自身及对方的不安全感,利用信息共享真正增值关系,从而保证关系的长期性和稳定性。现代企业经常借助于网络技术等高科技手段来实现这种双向的信息沟通和交流。例如,宝洁公司就为沃尔玛百货公司投资兴建了相应的网络设备,沃尔玛的缺货信息、产品销售信息可以及时显示出来,并自动生成订单,将货物配送到沃尔玛。

2. 以协同为基础的合作过程

在企业与顾客、分销商、供应商甚至是竞争者建立长期的、彼此信任的、互利的关系的时候可以有以下几种选择:

(1)顺从。

在这样一种关系中,关系双方之间,一方自愿或主动地调整自己的行为,按照对方的要求行事,即一方服从另一方。一方面,企业根据利益相关群体的要求提供相应的价值,企业才能赢得更广泛的支持;另一方面,利益相关群体对有企业的品牌影响力是信任的,其采购和消费活动一般会表现出从众的特点。这是一种良性的关系,有赖于一方(比如生产商)有较大的影响力(如品牌影响力),双方均认为建立关系得到的利益远大于脱离关系得到的利益,双方对关系的依赖程度都比较大,因而都愿意保持这种关系。

(2)顺应。

除了包括顺从的含义之外,顺应还包括关系的主客体双方为了保持这种良好的关系各自修改、调整自己的目标、行为、态度等,以适应对方的要求,创造合作基础上的共同发展,获得共同的、长期的利益。

(3)互助合作。

由于资源具有稀缺性,关系双方各自具有优势,可以通过合作来相互补充对方的不足。为达到对各方都有益的共同目的,彼此相互配合、联合行动,协同完成某项工作,以达到资源的最优配置。合作是协调关系的最高形态。每个企业都有自己的优势和劣势,合作可以使双方甚至多方的共同资源创造远远大于单一企业的效益。一个规模再大的公司,其资源和能力也是有限的,与其他公司进行合作分享资源和企业能力,就可以集中精力在自己的主营业务上培养核心竞争力,创造自己的竞争优势。企业市场营销的宗旨从追求每一笔交易的利润最大化转向追求各方利益关系的最优化。通过与公司营销网络中各成员建立长期、良好、稳定的伙伴关系,才能保证更多有利的交易,才能保证销售额和利润的稳定增长,否则那些暂时的利润随时都会消失。关系营销一改以往"零和竞争"的理念,坚持"双赢策略",强调在竞争中的合作,即"竞合"的思想。真正的关系营销是建立在双赢策略基础上的,是一种非零和博弈。如果关系营销保持零和博弈,即每一次交易创造一个胜利者和一个失败者,那么这种关系是不能够长久的,并且容易导致关系的恶化。以上所指的关系是建立在"双赢"基础上的非零和博弈状况下的关系。

总之,关系营销被看作是企业与消费者、代理商、竞争对手、政府机构等进行互动的营销过程。广义上讲,关系营销意味着获取、建立和维护客户和其他利益相关者的利益,并在长期合作中建立稳定的信任。狭义上讲,关系营销活动是为了达到特定目的,是指企业与客户、企业与公司之间的双向信息交流。

任务四　网络、数据库技术原理

电子商务的形成是计算机技术和网络技术的发展,以及商务应用需求驱动的必然结果。要实现真正的、完善的电子商务,一个完整的电子商务的支撑技术体系是必不可少的。网络营销是建立在电子商务平台之上,运用了同样的网络原理来解决现实中的问题的。在电子商务的支撑技术体系中,网络基础技术是最底层、最基础的技术。

一、网络体系结构

"体系结构"一词翻译自英文"architecture",美国词典给出的传统词义是"部件的有序安排;结构"。在计算机和通信领域,体系结构就是指一个系统的基本组织,系统的组件、组件之间的相互关系、组件和环境之间的相互关系以及设计和进化的原则。现在,通常把网络体系结构理解为对层次划分、各层功能(协议)定义以及层间接口等的描述说明。

网络体系结构是由计算机通信领域研究人员提出的。而在电信领域,早期提出的是"终端—传输—交换"式的通信网络组成模型,本书称之为通信网络简单模型,如图 2-1 所示。这种模型对于各部件间的关系使用标准化的接口进行说明。对于从宏观上理解通信网络的工作原理和组建方式有较好的帮助,尤其是对电路交换电话网络的工作原理的解释还是比较可信的。但对于分组交换数据通信,该模型虽可以使用"存储转发"的概念对分组交换基本原理进行解释,而对传输和交换怎样衔接,链路纠错和端到端纠错的关系,端与端之间如何进行速率协调和编码统一等问题,则缺乏清晰的模型描述。

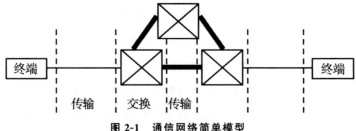

图 2-1　通信网络简单模型

由于网络的多样性,可能某些特定网络会采用全新的网络体系结构,比如层次简化甚至取消分层。但是各种同构或异构网络之间需要互联,互联时需进行地址解析、转换或映射,路由选择、流量控制等经典网络互联问题依然是关键。因此,分层网络体系结构仍将发挥重要作用。目前尚未见到其他以取代 IP 互联体制的互联技术。各种网络设计和互联毕竟是一个工程问题,需要解决各种应用环境中的特定问题,也不是纯理论问题,也不是通过某种纯粹的推理就能设计或构造出来的。

计算机网络是现代计算机技术与通信技术密切结合的产物,是随着社会对信息共享和信息传递的日益增强的需求而发展起来的。计算机网络系统从逻辑结构上分为两个子网:资源子网和通信子网。计算机网络是一个非常复杂的系统,为了减少协议设计的复杂性,通常采用分而治之的原则,把要实现的功能划分为若干层次,较高层次建立在较低层次基础上,同时又为更高层次提供必要的服务功能。

二、局域网与广域网技术

社会对信息资源的广泛需求及计算机技术的广泛普及,促进了局域网技术的迅猛发展。局域网(Local Ares Network,LAN)是指在一个有限的地理范围内将大量计算机及各种设备互联在一起实现数据传输和资源共享的计算机网络。在日常生活中,人们需要通过网络获取信息、与别人进行交流及网上购物,而企业在运营过程中,需要在遍及全国乃至全球的各个分支机构间建立数据通信联系。这些都要求将跨国、跨地区计算机和局域网连接起来,即远程连接。广域网(Wide Area Network,WAN)又称之为远程网,是指在一个很大的地理范围内,将各种局域网或网络设备互联在一起的网络。

三、接入技术与网络互联技术

接入技术,即最后一公里技术,它用于将用户的计算机或局域网连接到公用网。接入技术可分为窄带接入和宽带接入,其中宽带接入是未来接入网技术的发展方向。

在电子商务活动中的信息流和资金流的载体都是通信网络,信息交换和传输必须通过信息网络来实现,网络互联技术为电子商务的实现提供了坚实的通信平台,是电子商务得以实现的网络基础。网络互联技术包括 Internet

技术、Intranet 技术和 Extranet 技术。

四、网络数据库技术

Web 数据库也叫网络数据库,它将数据库技术与 Web 技术融合在一起,使数据库系统成为 Web 的重要组成部分,从而实现数据库与网络技术的无缝结合,这不仅把 Web 与数据库的所有优势集合在了一起,而且充分利用了大量已有数据库的信息资源。Web 数据库的基本结构由数据库服务器(Database Server)、中间件(Middle Ware)、Web 服务器(Web Server)和浏览器(Browser)四个部分组成。

Web 可以描述为在互联网上运行的、全球的、交互的、动态的、跨平台的、分布式的、图形化的超文本信息系统。

Web 是伴随着互联网技术而产生的。在计算机网络中,对于提供 Web 服务的计算机称为 Web 服务器,Web 采用浏览器/服务器的工作方式,每个 Web 服务器上都放置着大量的 Web 信息。Web 信息的基本单位是 Web 页(网页),多个网页组成了一个 Web 节点。每个 Web 节点的起始页称为"主页",且拥有一个 URL 地址(统一资源定位地址)。Web 节点之间及网页之间都是以超文本结构(非线性的网状结构)来进行组织的。

目前,Web 技术与数据库管理系统(DBMS)相互融合领域的研究已成为热点方向之一,数据库厂家和 Web 公司也纷纷推出各自的产品和中间件支持 Web 技术和 DBMS 的融合,将两者取长补短,发挥各自的优势,使用户可以在 Web 浏览器上方便地检索数据库的内容。Web 数据库管理系统必将成为 Internet 和 Intranet 提供的核心服务,为互联网上的电子商务提供技术支持。网络数据库系统、数据库技术、决策支持系统等信息技术可以为有效地进行商业预测与分析提供科学的分析工具,以辅助企业进行商业决策。

(一)数据库技术

数据库技术兴起于 20 世纪 60 年代,其最主要的功能是使用、管理和储存数据,在当时的计算机信息技术中是发展速度比较快、应用范围比较广的技术之一。数据库技术对于计算机应用系统以及计算机信息系统的完整性起决定性的作用。数据库技术作为计算机软件的一个重要部分,如今已经应用到了计算机应用的各个领域。随着信息技术的高速发展,数据库技术也有了很大的改进。从 20 世纪 70 年代网状数据库和层次数据库,到 80 年代的关系数据库,其功能也从单一的数据记录拓展到了处理多种类型数据的综合数据架构。当前,主流的数据库是关系型数据库,其具有代表性的软件有微软公司的 SQL Server 数据库、IBM 公司的 DB2 数据库以及 Oracle 公司的 Oracle 数据库。

(二)关系型数据库技术

关系型数据库最早出现于 20 世纪 70 年代,经过 50 多年的发展,现在这一技术已经变得比较成熟。但是在 20 世纪末面向对象型数据库曾一度挑战关系型数据库,最终还是关系型数据库成为主流。关系型数据库的存储数据的形式是行和列,这种存储形式有利于用户的理解。数据库是由一组表构成的,一组表是由一系列的行和列构成的。关系型数据库中各类数据用关系连接起来,利用关系这一媒介,可以十分便捷地将数据进行表示和操控;除此之外,用户可以利用查询功能查找数据库中用户所需的数据。查询功能在数据库中的语句是 SELECT 。关系型数据库一般由 3 个部分构成,分别是用户端应用程序、数据库服务器以及数据库。现在比较主流的大中型关系型数据库有 SQL Server、IBM DB2 和 Oracle,比较常用的小型数据库有 FoxPro、Access 等。

(三)Web 数据库技术

随着计算机应用领域的不断拓展,关系型数据库逐步显露了它的缺陷,开始限制软件的应用。并且,面向对象型数据库的功能不断强大,逐渐成为数据库系统发展新的方向。将数据库技术与网络技术相互融合,可以满足用户更多的工作和生活的需求。Web 数据库就是将 Web 技术与数据库技术相互融合而开发的一种新型的数据库应用系统,用户通过浏览器来访问远程的数据库,并实现动态的信息服务。这种融合技术可以为用户提供访问以及修改数据库的功能,由此用户在任何地方都可以通过浏览器对数据库进行访问和修改。这种通过浏览器来访问数据库的关键在于必须有适合的接口程序。

任务五　整合营销原理

整合营销，又称"整合营销传播"，其英文是"Integrated Marketing Communication"简称 IMC。它是以整合企业内外部所有资源为手段，重组再造企业的生产行为与市场行为，把有利于营销的积极因素全部调动起来。它的目标是实现销售效果和利润最大化，以全面的一致化营销实现企业目标。简言之，也称为一体化营销。

整合营销传播的中心思想是通过企业与消费者的沟通，以满足消费者需要的价值为取向，确定企业统一的促销策略，协调使用各种不同的传播手段，发挥不同传播工具的优势，从而使企业的促销宣传实现低成本策略，形成促销高潮。

整合营销思想是欧美 20 世纪 90 年代以消费者为导向的营销思想在传播宣传领域的具体体现，起步于 1990 年。北卡莱罗纳大学教授劳特朋（Larterborn）在《广告时代》发表的文章中提出了"4C"的观点（Customer，Communication，Cost，Convenience），其核心思想就是以客户需求为中心，并全面服务于消费者。该理论要求营销活动统一目标和传播形象，实现与消费者的双向沟通，迅速树立产品品牌在消费者心目中的地位，建立产品品牌与消费者之间的长期密切的联系。整合营销是对传统营销的一次革命，它与传统营销理论不同，整合营销理论倡导者——美国的 D. E. 舒尔兹教授用一句话来说明这种理论，他说过去的座右铭是"消费者请注意"，现在则应该是"请注意消费者"。

20 世纪 90 年代，由于信息技术的发展，消费者的需求与能力发生了很大的改变，大量的信息资源为广大消费者提供了一个新的学习和获取知识的途径，消费者通过学习能发现自己感兴趣的东西，如影响生活的技术、个人爱好相关的信息、他人提供的解决问题的方法。消费者不断地接触新的知识和技能，同时对实现产品及其需求满足方式进行思考，他们如同企业一样寻找新的需求满足途径。而整合营销正是在这种环境下发展起来的解决上述问题的营销沟通方式，整合营销理论的出现与发展，是现代营销环境发展的必然产物，是营销传播理论在人们对广告不看、不信、不记忆的时期，为适应环境而进行的突破传统营销理论的一场自我革命。

在网络经济下,整合营销的方式就是传统营销与网络营销的整合。我们通常提到的市场营销的概念是企业为了实现目标利润,主动适应和改造环境,综合运用"6P"策略,努力满足客户需要和创造客户需要的综合性经营活动和管理过程,而网络营销是企业整体营销战略的一个组成部分,是建立在互联网基础之上,借助于互联网特性来实现一定营销目标的一种营销手段。在这里,当我们谈论网络营销时,往往会产生一种与一般营销不同的感觉,常常将网络营销出现之前已经成熟的营销理论和方法称为传统营销,就像网络企业和传统企业一样,尽管没有什么科学道理,但人们通常习惯于将基于互联网的公司称为网络企业,将网络企业之外的所有企业都统称为传统企业。

一、传统营销与网络营销的关系

通过组合发挥功能是基本方法,无论是传统营销的"4P"组合[产品(product)、价格(price)、渠道(place)、促销(promotion)]还是网络营销"4C"组合[消费者需求(consumer's need)、成本(cost)、方便(convenience)、沟通和交流(communication)],二者不是单靠某种手段去实现目标,而是要开展各种具体的营销活动。现代企业的市场营销目标已不仅仅是某个目标,更重要的是要追求某种价值的实现。目标已成为企业所要达到的境界,实现这样的目标要启动多种关系,而且要制定出各种策略,最终才能够实现预期所要达到的目的。按照这样的要求,搞好营销需要一种综合能力。

两种营销方式都是企业的一种经营活动,二者所涉及的范围不仅限于商业性内容,即所涉及的不仅是产品生产出来之后的活动,还要扩展到产品制造之前的开发活动。网络营销也有区别于传统营销的一面。随着网络营销的发展,其特点表现得越来越突出,表现在方法上也存在一些差异,对传统营销的理论带来了一些冲击:

一是对价格优势的冲击。传统营销注重价格,而网络营销更注重成本。由于网络营销直接面对消费者,减少了批发商、零售商等中间环节,节省了营销费用,可以减少销售成本,使产品具有价格竞争力,从而产生较大的竞争优势。

二是对产品策略的冲击。传统营销注重产品,而网络营销更注重消费者。

从营销角度来看需求和欲望,通过网络可以对大多数产品进行营销,即使不通过网络达成最终的交易,网络营销的宣传作用也是强大的。网络营销直接面对消费者,实施"一对一"的个性化营销,可以针对某一类型甚至某一个消费者制定相应的营销策略,并且消费者可以自主选择自己感兴趣的内容观看或者购买,这是传统营销所不能及的。

三是对渠道策略的冲击。传统营销注重渠道,而网络营销更注重为消费者提供方便。由于网络本身的条件,离开网络便不可能去谈网络营销,而传统营销的渠道是多样的,在很大程度上,网络营销的顺利进行还需借助于传统营销的渠道,但网络渠道却时时体现出对消费者便利性的关注,如计算机软件、数字化信息、服务等可以直接通过网络传输,"融大千世界于方寸之间",网络营销使消费者足不出户便可以购遍天下。

四是对传统营销方式和生产方式的冲击。传统营销以促销为主,而网络营销更注重与消费者的沟通和交流。传统营销中的生产针对的是一个大的消费者群体,而网络营销的生产很多时候是为了一个个体的消费者。

二、传统营销与网络营销的整合

随着电脑的普及,网络营销的方式也开始扩展,传统营销与网络营销的整合势在必行,而农产品的营销该采取何种形式?首先,我们应该分析农产品属于什么类型的产品,什么样的方式要根据实际情况而定。

整合营销这种理论是营销历史发展到一定阶段根据现代化科技发展创新的产物,它是一场颠覆传统营销模式的变革,只有整合营销模式推广,才能适应现代化社会发展,这种模式密切结合客户的需求和现状,使企业销售成本降低,销售利润增加,实现企业利润最大化。利用整合营销的销售手段,一般以企业实体结合网上商城开展效果会更佳。

传统营销理论是基石,而网络营销给新经济时代必然带来一些崭新的面貌,从而也会发展传统营销理论,两者在诸多方面相互整合、优势互补,以此适应现代社会发展,适应现代企业的发展与顾客的需求。

(一)顾客概念的整合

传统的市场营销学中的顾客是指与产品购买和消费直接有关的个人或组织,如产业购买者、中间商、政府机构等。在网络营销中,这种顾客仍然是企业最重要的顾客。

　　网络营销所面对的顾客与传统营销所面对的顾客并没有什么太大不同。虽然目前的网民还具有地域性和年龄性的特点，但网民数量将随着网络建设的不断完善以及网络资费的不断降低而大幅度增加。因此，企业开展网络营销应进行全方位的、战略性的市场细分和目标定位。

　　网络社会的最大特点就是信息"爆炸"。在互联网上，面对全球数以百万个站点，每一个网上消费者只能根据自己的兴趣浏览其中的少数站点。而应用搜索引擎可以大大节省消费者的时间和精力，因而自第一批搜索引擎投入商业运行以来，网络用户急剧上升。面对这种趋势，从事网络营销的企业必须改变原有的顾客概念，应该将搜索引擎当作企业的特殊顾客，因为搜索引擎虽不是网上直接消费者，却是网上信息最直接的受众，它的选择结果直接决定了网上顾客接受的范围。以网络为媒体的商品信息，只有在被搜索引擎选中的情况下，才有可能传递给网上的顾客。既然搜索引擎成为企业从事网络营销的特殊顾客，那么企业在设计广告或发布网上信息时，不仅要研究网上顾客及其行为规律，也要研究计算机行为，掌握各类引擎的探索规律。

　　（二）产品概念的整合

　　市场营销学中将"产品"解释为能够满足某种需求的东西，并认为完整的产品是由核心产品、形式产品和附加产品构成的，即整体的产品概念。网络营销一方面继承了上述整体产品的概念，另一方面比以前任何时候更加注重和依赖于信息对消费者行为的引导，因而将产品的定义扩大了，即产品是提供到市场上引起注意、需要和消费的东西。

　　网络营销主张以更加细腻的、更加周全的方式为顾客提供更完美的服务和满足更多的需求。因此，网络营销在扩大产品定义的同时，还进一步细化了整体产品的构成。它用 5 个层次来描述整体产品的构成，即核心产品、一般产品、期望产品、扩大产品和潜在产品。在这里，核心产品与原来的意义相同。扩大产品与原来的附加产品相同，但还包括区别于其他竞争产品的附加利益和服务。一般产品和期望产品由原来的形式产品细化而来。一般产品指同种产品通常具备的具体形式和特征。期望产品是指符合目标顾客一定期望和偏好的某些特征和属性。潜在产品是指顾客购买产品后可能享受到的超乎顾客现有期望、具有崭新价值的利益或服务,但在购买后的使用过程中,顾客会发现这些利益和服务中总会有一些内容对顾客有较大的吸引力,从而有选择地去享受其中的利益或服务。可见,潜在产品是一种完全意义上的服务创新。

(三)营销组合概念的整合

网络营销过程中营销组合概念因产品性质不同而不同。对于知识产品,企业直接在网上完成其经营销售过程。在这种情况下,市场营销组合发生了很大的变化(与传统媒体的市场营销相比)。首先,传统营销组合中的三个方面——产品、渠道、促销,由于摆脱了对传统物质载体的依赖,已经完全电子化和非物质化了。因此,就知识产品而言,网络营销中的产品、渠道和促销本身纯粹就是电子化的信息,它们之间的分界线已变得相当模糊,以至于三者密不可分。若不与作为渠道和促销的电子化信息发生交互作用,就无法访问或得到产品。其次,价格不再以生产成本为基础,而是以顾客意识到的产品价值来计算。最后,顾客对产品的选择和对价值的估计很大程度上受网上促销的影响,因而网上促销的作用备受厂商重视。

(四)企业营销方式和生产方式的整合

由于在网络营销产品概念中潜在产品和期望产品的提出,新的营销方式面对的顾客需求将是更多样化、复杂化、个性化、实时化。因此,企业的生产方式也要顺应时代,进行相应的调整,企业的生产将是以一般商品为主流的生产,同时也要满足生产期望产品的生产条件,更要注重研发潜在产品的投入。

◇ 课题三　农产品网络营销模式的构建

《国民经济和社会发展第十四个五年规划和二〇三五年远景目标纲要》提出，鼓励商贸流通业态与模式创新，推进数字化智能化改造和跨界融合，线上线下全渠道满足消费需求。

随着互联网技术的发展与普及，人们的消费方式由传统的实体服务转向网络相关的途径，由此演化出了一种新的营销模式——网络营销。在网络营销的影响下，传统农产品销售方式面临重大的机遇和挑战。农产品网络营销主要以互联网应用为基础，是通过网络开辟产品销售渠道的市场活动。面对网络营销技术迅速优化升级，以及我国农业信息化建设进一步完善等情况，为了提高农业现代化水平，寻找一条适合国情的农产品网络营销模式非常重要。

要使我国农产品快速地步入电子商务和网络营销的道路，能够顺利地发展和扩大，唯一的途径就是寻找到适合我国基本国情以及我国独有特色的电子商务以及农产品网络营销的基本模式和发展方向。互联网的各种特性，如开放性、多样性等，为农产品的需求销路提供了很好的保障，为原本松散、杂乱的农业、农村经营模式带来了科技化的营销模式，同时也为农民带来了更多的便利和盈利。

虽然从我国目前农村各方面的条件来说，彻底地实现现代化的生产销售还有一定的困难，但是我国农产品网络销售的发展便是我国农村走向现代化、走向高科技的开端，农产品网络销售必然会成为我国国民经济增长的一个新原点和重点，同时也为我国农村现代化建设提供了发展空间与条件，是农村发展历程中一座里程碑式的开端。

因此，我们系统地研究中国农产品网络营销的发展问题有着积极的现实意义,本书在前面研究的基础上探讨中国农产品网络营销模式的构建,提出对中国农产品网络营销发展的一些设想。

任务一　我国农产品网络销售背景分析

网络营销仅仅是企业营销中的一小部分,网络营销需要依附于大的背景环境才能够生存,其本身是不能够独立存在的。因此,我国企业在针对农产品进行网络营销策略分析时,应该注意把网络营销的各类优势发挥到极致,同时要注意必须要适应中国特色社会主义市场经济发展需要,以我国国情为基础制定网络销售策略。

第一,无论是网络营销还是传统营销方式,都是有各自的优势和弊端的,即使是在 21 世纪的今天,网络已经走进千家万户,依然不能够完全将传统销售取而代之,网络销售应当和传统销售一并存在,要在继续保持农产品传统营销模式的前提下开展网络营销,两者并存发展。虽然消费者获得产品的渠道仍然是销售模式渠道,传统销售不一定会为企业带来多么大的销售量,却能够在无形中帮助企业吸引和接触到大量的潜在客户。这种模式不仅可以充分地发挥网络销售和传统销售的优点,将优势无限放大,无限利用起来,更能够做到扬长避短。同时,两种销售模式还能够相互融合、相互补助,为企业更好更快的发展奠定坚实的基础。因此,农产品的营销模式应该也是需要综合两种营销渠道的,将其整合到总体营销的体系中去,并且与企业的整体发展和营销策略相互配合。

第二,我国目前的电子商务或网络营销的水平与世界水平相比还有较大的差距,同时还面对着法律、技术、安全、配送等各方面的困难和阻碍,并且受我国传统思想“先看货后交钱”的消费观念与习惯的制约。因此,综合来看,可行性比较高的营销模式就是营销集成模式。简单来说,就是将网络营销的优势和传统营销的优势相互融合、相互扶持,并借助各类传媒介质来帮助企业产品树立品牌形象,使潜在消费者对品牌与销售渠道有一个充分的了解。在宣传期过了之后,品牌形象自然也就在人们的心中树立起来了,消费者更愿意去主动地了解和购买产品,有利于网络销售的发展,同时,企业也可以通过网络的销售渠道来对消费者进行一系列的宣传和介绍,为消费者解答疑惑,并提供各种售后服务。

第三，网络销售解决的不仅仅是产品流通信息的问题，同时也极大地克服了传统农业的诸多行业弱点，网上交易使农产品因地域、时间限制而产生的许多问题迎刃而解。通过这种直接与消费者联系的方式可以帮助企业大大缩减传统销售中不必要的环节，也能够第一时间了解消费者的需求和想法，可以使成本降到最低。农产品网络营销的开展必将成为我国新的经济增长点，为我国农业现代化起到推动作用。

目前，我国所使用的农产品网络销售的模式主要是利用全球电子商务的理论框架建立的，不仅跟上了世界的水平，而且也体现了中国特色社会主义特点。我国新农村一直在不断地发展农产品的网络营销，这一模式的推广有利于我国农村产品信息化的进步以及快速缩小城镇与农村之间的差距。因此，在研究我国农产品网络销售环境的时候，仅提及我国目前农产品的信息化与科技化是远远不够的，应当结合农业现代化信息发展的情况，体现我国目前农产品的实际经营销售及物流运输、管理保存等方面的特点，从宏观层面进行分析引导，分析解决影响我国农产品传统营销状态，以及推广网络营销过程中遇到的问题，从而完善我国农业现代化发展进程，推动我国农村经济发展。

任务二　农产品网络营销体系环境的构建

随着国际互联网技术的迅速发展和普及，电子商务开始在世界范围内兴起，并且以其无中介、顾客选择无地域限制的特点迅速成为信息社会中的热点。为规范这一新兴的商务模式，世界上许多国家的政府机构和各级经济组织，如联合国、世界贸易组织、亚太经济合作组织、经济合作和发展组织、美国政府和欧盟等，都在拟订各自的电子商务框架，为网络营销创建一个合理机制环境。

实施农产品的网络营销工程是一个体系的建设，旨在农产品销售过程中全面导入电子商务系统，利用信息技术进行需求、价格等发布与收集，以网络为媒介，依托农产品生产基地和物流配送系统，为地方农产品提高品牌形象、增进顾客关系、改善顾客服务、开拓网络销售渠道，最终扩大销售。

农产品网络营销体系建设是实现农产品网络营销的保证。针对网络营销的优势以及我国开展农产品网络营销的制约因素,笔者认为,完善的农产品网络营销体系主要由信息共享体系、流通市场体系、物流配送体系、保障体系和支撑体系组成。

我国的农产品网络营销框架的建立要在全球的电子商务框架理论上,符合中国的国情。中国现代农产品网络营销的开展与农产品信息化将是推动我国农村加快城镇化与现代化的有力手段。因此,在中国构筑农产品网络营销环境时,不宜只谈中国农产品的信息化,而应借农业信息化的东风改造我国原有农产品的经营管理状况,宏观地因势利导,解决制约我国农产品进行网络营销与原有农产品营销状况本身的问题,全面地推进我国的农业现代化改革进程。构建中国农产品网络营销环境应从以下几方面进行。

一、农产品网络营销发展的环境因素

(一)法规环境因素

从目前我国网络营销实践的角度看,一些相关法规问题迫切需要得到解决,包括网上交易的市场准入、安全认证、电子支付、用户隐私权保护、税收征管等问题。以网络交易安全为例,随着网络经济信息化进程加快,计算机网络犯罪日益猖獗。据报道,美国每年因网络安全问题造成的经济损失近百亿美元,因此各国政府对网络交易安全都高度重视。此外,由于互联网是一个开放互动的媒体,人们可以在其上自由地发布信息并从事商务活动,因而就存在着个人信息被他人盗用、从事非法交易、违约等问题。为此,政府部门应及时通过立法,以法律的形式来保护网络营销的开展。2004 年中国通过《中华人民共和国电子签名法》,赋予可靠的电子签名与手写签名或盖章具有同等的法律效力,从根本上解决了网上交易发展所面临的一些关键性的法律问题,大大地推进了电子商务在我国的推广。但仅有这一点还是远远不够的,政府还必须对网络营销所涉及的各个方面都制定相关的法律,使每一个网上交易者的权益都能够得到保障。

(二)基础设施环境因素

1. 电子支付体系建设滞后

电子支付是指从事电子交易活动的当事人使用安全电子手段通过网络完

成货币支付与使用价值的转移。电子支付作为信息经济时代的主流支付模式,与传统的支付方式相比,具有数字化、开放性、高技术、超时空等特征,适应了网络营销活动对货币支付的要求,但也正是上述特征使一个安全高效的电子支付体系的构建有了一定的技术障碍,同时这也要求有必要的资金投入与广大消费者的认可与接受。而从我国当前的情况来看,电子支付无疑是网络营销的重要瓶颈之一,许多网络客户依然是网上订购、网下支付,这使得网络营销的方便性没有完全地体现出来。电子支付体系的建设,必须是政府主持、金融机构积极参与、用户接受的三方合力才能建成的金融电子化系统。

2. 农产品的物流配送体系不完善

在网络环境下,农产品的信息传播范围远大于传统媒介,因此,农产品的供应范围也将远大于在传统营销方式下的供应范围,同时,农产品的季节性、区域性、不易保存性、易腐烂性的特性,以及物流量大而生产规模较小,点多面广,不利于农产品迅速集中加工增值。运作相对独立等特点,对现代物流提出了更为严格的要求,所以农产品的物流要求技术高、专业性强、难度大,物流配送体系不完善的地方主要体现在以下几个方面:

第一,农产品物流个体和组织规模小、层次低、离散性强、联合性差,组织化程度低。在以美国、加拿大等为代表的农业发达国家,农产品的流通主体主要是企业化经营的农场、农产品批发与零售企业以及农户联合起来的协同组织,如农协、合作社等,农工商一体化经营的程度较高。同时,这些农产品的生产与经营机构几乎都建立了自己的农产品营销网站,统一在互联网上发布和收集农产品的相关信息,在网上达成交易条件意向,再通过物流公司集中运输,把农产品送到消费地,大大地提高了农产品的营销效率。而我国目前农产品流通的主体主要是农户和进行农产品批发或零售的个体户,而农业企业非常少。因此,我国农产品的生产与经营个体组织规模小、联合性差、组织化程度低,这些都不利于物流的开展,也制约了农产品的网络营销的发展。

第二,物流配送系统和服务体系不完善。发达国家便捷的交通网、完善的服务体系和配送系统、有效的保鲜设备、快速的信息处理网络,为农产品实现货畅其流创造了良好的条件。例如,日本农产品批发市场实现了与全国乃至世界主要农产品批发市场的联网,即利用互联网实现了农产品的信息共享,批发市场能够发挥信息中心的功能,不必进行现场看货、实物交易,而实行只看样品的信息交易,实物则由产地直接向超市等配送中心运送,做了商物分流。而我国尚未建立全国统一的农产品交易市场信息网,从而无法建立完善的物流配送系统与服务体系,从而制约了农产品的网络营销的发展。

第三,物流技术落后、人才缺乏、管理水平低、损耗重。农产品大多具有生鲜的特点,尤其是鲜活农产品含水量高,保鲜期短,极易腐烂变质,要保证农产品的品质不会因物流运输而下降,因此对物流运输工具的流通保鲜提出了很高的要求。受我国的现有物流的技术水平与物质条件约束,目前我国农产品物流是以常温物流或自然物流形式为主。

有数据显示,我国水果蔬菜等农副产品在采摘、运输、储存等物流环节上的损失率在 25%~30%,也就是说 1/4 的农产品在物流环节中被消耗掉了。而发达国家的果蔬损失率则控制在 5% 以下,美国蔬菜水果可以一直处于采后生理需要的低温状态并形成一条冷链,水果蔬菜在物流环节的损耗率仅为1%~2%。

我国冷链不完善且腐损率高。目前国内冷链的基础设施建设尚不完善。我国人均冷库面积及人均冷藏车数量都很少,2014 年人均冷库面积是 0.058立方米/人,同期美国是 0.357 立方米/人。2014 年我国公路冷藏车保有量为 7.6 万辆,日本是 15 万辆,美国是 25 万辆。我国果蔬及肉类等食品冷链流通率在5%~25%,生鲜农产品大部分在常温下流通,而欧美发达国家已经形成了完整的农产品冷链物流体系,农产品及易腐坏食品的冷链流通率达到 95% 以上。

同时,我国冷链物流行业服务水平不高,运输商品的腐损率较高,整个行业发展仍属初级阶段。2015 年我国果蔬、肉类、水产品冷藏运输率仅分别为30%、50% 和 65% 左右,腐损率分别为 15%、8% 和 10%。

我国冷链行业发展还不均衡,行业集中度低,缺乏具有超强整合能力的巨头企业。运营分散的现状使企业各自为政,无法形成规模效应进行优化调度,拖累了冷链物流行业整体盈利水平。据中国仓储协会冷链仓储分会统计,排名前十的冷链仓储运营商 2014 年冷库保有量为 930 万立方米,占整个市场的10.5%;排名前 30 的运营商 2014 年冷库保有量为 1531 万立方米,占整个市场的 17.3%。

3. 农产品网络营销信息化平台建设有待完善

在国内现有的提供农业信息服务的网站中,内容基本上已经涉及"三农"的各个方面。在已建立的农业信息网站中,大部分已经建立了较好的内容结构,并建立了自己的信息资源数据库,但其不足之处主要表现在以下几个方面:

第一,农村网络建设落后,农业网站地域分布不均。目前国内的农业网站数量比较多,且主要分布在北京以及经济比较发达的山东、浙江、江苏、广东等沿海省份,而农业生产大户主要集中在经济欠发达的内陆省份,且这些地区由于经济基础比较差,农村网络基础建设落后,绝大多数的农户没有条件上互联网,严重地制约了这些地区农产品的网络营销的发展。

第二,信息资源规模小,服务功能弱,缺乏信息的深层次的挖掘与开发。现在大多数农业网站缺乏高质量的数字化的农业信息资源,内容泛泛,面孔雷同,许多信息浅尝辄止,有用的、针对性强的特色信息缺乏,无效链接多。现有的农业网站数据库种类数量较多,但大多规模较小,有些数据库只有几十条至几百条信息,数据库的质量及标准较差,不能保证信息的查准率,缺乏利用价值。网络数据库资源的标准化问题突出,影响信息资源共享。

第三,农业信息的时效性差。网络商务信息的特点是要求及时、准确、经济、适度,也就是能够为网络信息的需求者以最小的经济成本准确提供最新的信息资源,农业网站的信息提供也是一样,但国内现有的农业网站大多内容更新不及时,或提供过时的信息,这类信息对农产品的网络营销并没有起多大的促进作用。

(三)社会环境因素

1. 传统营销观念制约农产品网络营销的发展

网络营销作为一种新型的营销方式是 20 世纪才开始传入我国的,直到2000 年才被电子产品、书籍、日用品的经销商广泛利用,而农产品进行网络营销则是近几年才出现的新事物。网络营销这种新型的营销方式,不但需要经营者改变营销观念,而且需要消费者的认同。在当前的农产品经营环境下,网络营销要被广大的农产品生产者和经销者完全接受还有一定的困难。

首先,从利益角度来看,目前我国农产品经销者包括农产品的生产者更多地考虑短期利益和自身利益,开展农产品的网络营销活动需要一定的资金、技术和人才投入,因此在农产品进行网络营销的初级阶段可能是低利润甚至是亏损经营,短期利益不佳,会使一部分的农产品的经营者望而却步。

其次,从农产品的生产与加工企业的管理层来看,大多数企业领导对网络营销的重要性没有认识到,甚至不能正确理解什么是网络营销,仅仅认为网络营销就是网上销售等,有的管理者在了解到某些网络商店亏损累累的现象后,更失去了开展农产品网络营销的信心。

最后,从消费者来看,不成熟的市场经济中出现的某些弊端,使人们对新的东西总是过分理智化或带有一种不信任感,同时,很多人的虚拟时空观念尚没有充分树立,人们宁可多花钱、多跑路、多费时间,也要"眼见为实",这种心态制约了网络营销活动的发展。据调查,还有一些人表示不会以任何方式在网上进行金融交易,如网上支付、网上转账、网上账户查询等,甚至有些人不打算在网上购物,那么从事农产品的生产者和经营者愿意接受网络营销的人只会更少。

2. 农产品网络营销人才缺乏

网络营销是整体营销战略中的一个组成部分,是为实现整体经营目标而进行的以互联网为基础,以新的经营理念和经营方式来促进买卖双方的交易活动。从事农产品网络营销需要最基本的能力,有熟练掌握信息收集、分析、处理、存储、传输、发布等基本计算机应用知识,能运用网络信息交流工具,如论坛(BBS)、博客(Blog)、电子邮件(E-mail)等,并能处理计算机最基本的通信故障,掌握利用搜索引擎、网络营销工具、电子刊物、专业媒体网站等网络资源的能力,有不断学习新技术和新知识的能力,有灵活地与客户进行商务信息交流和情感沟通能力。

这些能力对一名普通的以从事农业生产为主、销售为辅的农民来说,借助ICP 或政府部门提供的农产品专业网站从事农产品的网络营销已经完全够用了。但如果作为一个专业的从事农产品网络营销的技术人员,则还要具备熟练掌握 FrontPage、Dreamweaver、Flash、Fireworks 等各种网页制作工具的能力,并能利用 SQL 等数据库技术建设交互式农产品网络营销网站的技能等。

但是,当前绝大多数农民的知识水平显然达不到从事农产品网络营销的要求,如通过对湘西北的部分农户的调查情况表(表 3-1)的统计分析可以得知以下情况:

表 3-1 农民文化水平情况调查

文化水平	比例	年龄阶段	比例	对网络的了解程度	比例
小学以下	8.3%	18～25 岁	3.7%	完全不知道	5.6%
小学	47.1%	26～35 岁	6.9%	仅知道存在互联网	74.6%
初中	34.8%	36～45 岁	32.1%	比较了解并经常上网	12.6%
高中	9.4%	46～55 岁	42.8%	非常熟悉	0
大专以上	0.4%	55 岁以上	14.5%	其他(无法确定者)	7.2%
合计	100%	合计	100%	合计	100%

首先,从文化水平上看,湘西北目前从事农业生产和经营者的文化水平普遍很低,85% 以上的农民没受到过信息技术的教育与培训,更不知 BBS、E-mai等为何物,与农业现代化发展的需要不相适应,更不利于农产品的网络营销的发展。

其次,从调查的农户年龄结构构成来看,被调查的农户年龄段主要分布在 35～55 岁,尤其是 55 岁以上的农户比 35 岁以下的多得多,其主要原因是现在的年轻农民不愿在家乡从事农业生产,大多数的 18～35 岁的年轻人都到珠江三角洲经济圈或长江三角洲经济圈打工,即使留下的那部分年轻农民也主要从事其他的副业,如从事运输、木工、泥工等,真正完全从事农业生产或经营的人极少。

最后,从被调查的农户对网络知识了解程度来看,绝大多数的农户仅停留在知道互联网存在这个事实的水平上,对于网络的应用一窍不通,更别说什么从事农产品的网络营销了。经常上网的农户也主要是刚走出中学校门、年龄在 20 岁左右的年轻人,他们上网的目的主要是玩网络游戏、聊天等,对于网络营销也是一知半解,如认为网络营销就是网上销售或者是网上广告等。当然也有个别从事农业生产和经营的大户经常上网来收集农产品的生产与销售信息。

通过调查分析,绝大多数的农民还不具备从事农产品网络营销所需的技能水平,如果要大规模地推广和实施农产品的网络营销,以现阶段农民的思想观念和技能水平还不大可能。因此,如何改变广大农民的传统营销观念并提高其综合素质是推进农产品进行网络营销的当务之急。

3. 农产品网络营销的信用体系建设落后

在现实的经济生活中,利用网络进行违约、欺诈、假冒伪劣、走私骗汇等案件不胜枚举,在农产品的经销过程中以次充好的现象也非常普遍。农产品网络营销是一种不见面的、在虚拟空间中进行的农产品交易活动,更容易出现这种"反经济信用行为"。出现这种情况的根本原因是客观上我国尚未形成健全的经济信用监管系统,主观上行为人对"反经济信用行为"的后果缺乏理性认识。目前,我国的农产品网络营销还处于起步阶段,国家对网上进行信用欺诈的违法行为的监督与处罚力度不足,甚至没有建立建全相应的法律制度和处罚条例。为此,国家要建立健全网络交易的监控体系,并以法律的形式对这种"反经济信用行为"做出明确的处罚条款,以保证农产品网络营销的健康发展。

二、农产品网络营销系统环境的构筑与发展对策

(一)构筑良好的网络基础环境

快速的网络传输速度和畅通的网络传输渠道是实施农产品网络营销的基本条件,这依赖于农村网络基础设施建设。近年来,我国农村的网络基础设施建设虽然取得了很大的进步,但总体上仍然处于相对落后状态,大多数农户的计算机和网络配备水平不能保证农产品网络营销的顺畅进行。据调查,互联网用户中农、林、牧、渔业用户仅占 1.9%。这些问题如果得不到解决,将会阻碍我国农产品网络营销的发展。

中国农产品网络营销离开了网络基础环境就无法生存。虽然目前我国已建成了若干骨干网,互联网迅猛发展,但正如社科院互联网研究中心主任吕本富所说,信息基础设施建设问题不再是限制我国网络事业的问题了,但是也只能说明对中国来说,只是解决了大多数城镇网络问题,而不是指我国更为广阔的农村。

我国信息、基础建设在农村乡镇与西部地区县级覆盖率有限,而且网络传

输速度还不够快,网络带宽只适合文字和少量图片信息的传输,无法实时展示三维图形,所以厂家的介绍信息不够完善,与亲眼看到实物相差甚远,这对习惯于眼见为实的国民思维定势显然不相容,导致了农村的农产品网络营销还没有得到充分的利用。

因此,农村先进的计算机网络基础设施和宽松的电信政策就成为发展农村农产品网络营销的前提。目前,电信服务价格相对于农民过高,带宽有限,服务不及时或不可靠等因素已经成为发展农村农产品网络营销的制约因素。加快农村电信基础设施建设,打破电信市场的垄断,引进竞争机制,保证电信业务公平竞争,促进网络互联,确保为用户提供廉价、高速、可靠的通信服务是良好网络环境的建设目标。

其一,农产品网络营销信息收集与发布网络不完善,不同地区、不同领域之间的信息无法实现交流与共享,没有一个完善的体系负责农产品信息的采集、汇总、发布、共享。

其二,现有的农业信息网站实用性较差,信息共享度低、时效性差、利用率低。

其三,信息网络的分布不均匀,一些较发达的地区已建立较完善的农业信息网络,但是一些偏远的地区尚未建立。

其四,信息网络的覆盖面小,许多农户和小型农产品生产基地尚未接触到农业信息网络。

为了促进电信市场的开放和协调世界各国的电信政策,世界贸易组织在1997 年成功地缔结了基础通信协定。该协定将保证全球电信市场的竞争,加强国家之间的合作。多家企业竞争、打破垄断局面,是我国的通讯基础建设要走的一条道路,但这条道路对我国农村来说,仍然很漫长。根据我国现阶段的国情,我国农村的信息基础建设的加强需要国家政策的倾斜与宽松的电信政策。根据现有不同的发展水平与农产品生产营销情况,可以制定不同的目标。

(二)网络营销的机制体系

在良好的网络基础设施建设的平台上进行网络商务活动,需要相应配备的机制与体系建设,基本上涵盖了安全认证体系、安全结算体系、协同作业体系、法制政策体系、信用体系五大体系。

1. 健全安全认证体系

开展电子商务最突出的问题是要解决网上购物、交易和结算中的安全问题，包括建立电子商务各主体之间的信任问题，即建立安全认证体系（CA）问题；选择安全标准（如 SEI、SSL、PKL 等）问题；采用加、解密方法和加密强度问题。其中，建立安全认证体系是关键。

网络交易与传统的面对面或书面的交易方式不同，它是通过网络传输商务信息和进行贸易活动的。网上交易的安全问题意味着有效性，即保证网上交易合同的有效性，防止系统故障、计算机病毒、黑客攻击解密性，即对交易的内容、交易双方账号、密码不被他人识别和盗取的完整性，即防止单方面对交易信息的生成和修改。因此，健全电子商务的安全体系应包括健全安全可靠的通信网络，保证数据传输的可靠完整，防止病毒、黑客入侵电子签名和其他身份认证系统，完备的数据加密系统，等等。

2. 健全安全支付结算体系

银行业务的电子化，使得电子货币正在逐步取代传统纸币，发挥越来越重要的作用。1996 年英国小城斯温登宣布用电子货币取代纸币，信用卡成为一种新的货币形式。随着网上交易的增多，网络银行、数字货币等全新的概念也应运而生。比尔·盖茨曾经嘲笑传统的银行是跟不上时代的恐龙。实际上，因特网确实对传统的金融业务提出了挑战。无论是完全依赖于网络银行，还是传统银行利用网络开展银行业务，安全问题都是十分重要的。健全安全支付体系需要在金融专网和因特网之间设置支付网关，作为支付结算的安全屏障。

3. 健全协同作业体系

在网络营销中，所谓协同作业，包括工商、税务、银行、运输、商检、海关、外汇、保险、电信、认证等部门，以及商城、商户、企业、客户等单位按一定规范与程序相互配合、相互衔接，协同工作，共同完成有关电子商务活动。

健全协同作业体系包括以下几点：

（1）有关协同作业部门（不含广大客户），通过专线或 IP 隧道与电子商城互连；

(2)协商制定统一高效的作业规范与程序；

(3)共同制定降低电子商务运行成本的资费政策；

(4)推行实施协同工作(CSCW)。

4. 健全法律政策环境与信用体系

建立一套法律政策体系,保证电子交易双方能按照共同的规则进行交易,对启动、发展电子商务是完全必要且十分急需的。电子商务是世界性的经济活动,其法律框架也不应局限在一国范围内,而应适用于国际贸易往来,联合国国际贸易法委员会已经完成了一个法律范本,以支持电子商务在国际贸易中的应用。其内容应包括电子合同的有效性、有效的电子文件的规范、电子签名的合法性和其他身份辨认程序、知识产权的保护、商标权和域名的保护、企业和个人隐私的保护。

目前,在我国已承认电子合同与书面合同一样具有合法性,意即可证明买卖成立,但不能解决合同纠纷问题。要解决此问题有两条出路:一是到法院起诉(要有法律依据);二是通过仲裁解决(要制定协议)。建立电子商务活动的技术标准也是至关重要的。在电子商务试点阶段,实行税费优惠政策也有利于电子商务的推广。

立法可以保证网上交易的合法性和有效性,也是针对网上电子商务纠纷的解决办法。立法必须解决的问题主要涉及以下方面:

一是电子合同的法律地位。主要涉及网上合同的认定,如要约与要约邀请的判断,合同是否存在的判断等。

二是计算机发生故障时的法律效力。三是消费者权益的保护。主要涉及知识产权保护、电子证据的认定、制止利用高技术手段犯罪和防范侵犯个人隐私权等犯罪行为。同时,在中国网络营销的大环境下,由于网络的一些新的特征,建立与健全网络商务的信用制度很有必要。法律与信用将成为保证良好的网络营销秩序的双刃剑。

(三)建立公共农产品信息导购平台

公共电子商品导购平台,是保证网上电子商务活动顺利完成的物理保证。它主要涉及网络平台建设和企业信息库建设两方面的问题。人们发送到网络上的交易信息,必须准确、迅速地在供应商、流通商、管理部门、银行、交通运输等部门之间传送,这需要国家、各部门统一信息存储、通信、处理的标准和协议,具有一个协调一致的导购平台。同时,各企业的商品信息库建设是搭建平台的基础,企业没有与平台标准一致的商品信息库,电子商务就失去了生存的基础。我国的农产品企业信息化程度不高,加快我国公共农产品导购平台的建设,提供国家级的宏观咨询与决策支持、信息资源引导、各地区级的价格指导与宏观调控,对促进农业现代化建设具有非常重要的意义。

在建立我国省、市、县区、乡社区各级公共农产品信息导购平台时,可以借鉴发达国家的一些有益经验,公共农产品信息平台建设要政府职能部门成立专门的机构,协调诸多相关部门;在社区或农贸中心设立信息公务员;信息的采集与发布工作规范化、法治化,保密制度化,信息收集各层内部网化,信息发布与更新时间日程化、及时化;确保信息公正、正确、权威,等等。

（四）建立政府、企业、农户级农产品网络商务体系

一个网络商务体系的完备,与政府的电子政务协同作业,比如网上税收、海关、网上工商、网上卫生防疫、网上消费者协会等部门的真正协调工作的作业体系是密不可分的。政府部门在新的形势下,要充分发挥政府职能,努力营造一个公平竞争的实用的农产品网络商务环境。

企业级农产品网络商务是农产品网络营销体系的基础。在科技高速发展、经济形势快速变化的今天,人们不再是先生产而后去寻找市场,而是先获取市场信息再组织生产。随着信息化时代的来临,信息已成为主导全球经济的基础。企业内部信息网络化管理是一种新的企业内部信息、交换的基础设施,在网络、事务处理以及数据库上继承了以往的 MIS(管理信息系统)成果,而在软件上则引入因特网的通信标准和 WWW(万维网)内容的标准。Intra-net 的兴起,将封闭的、单项系统的 MIS 改造为一个开放、易用、高效及内容和形式丰富多彩的企业信息网络,实现企业的全面信息化。企业信息网络应包含生产、产品开发、销售和市场、决策支持、客户服务和支持及办公事务管理等方面。对于大型企业,同时要注意建设企业内部科技信息数据库,如对技术革新、新产品开发、科技档案、科技图书、科技论文、科技成果、能源消耗、原辅材料等各种数据库的建设。当然还要选择一些专业网络和地方网络入网。

农户级网络商务,随着农产品网络营销的深入展开,农户个人或农户集合

体也可以在网上设立自己的店铺,把自己的生产出来的农产品在网络上销售出去。农户个人也可以通过网络购买物美价廉的生产资料与生活用品。

(五)营造农产品网络环境模式的行动对策

"三农"问题一直是困扰我国国民经济发展的一个重大问题,实现农业现代化需要加快推进。中国农业现代化可以走农业信息先行化的道路,通过中国农产品网络环境模式的构筑与发展建设,带动农业其他方面的调整与变革。

没有任何一家农民企业或组织可以独立地发展完成中国的信息化,只有中国政府有能力完成中国农业的信息化发展。中国农业信息高速公路在全国的建立需要中国政府总体规划和领导,根据中国的国情成立专门的发展小组完成控制和指导。政府应指导农民企业投资的方向,避免不必要的资源浪费,指导中国农业信息化沿着良性的和符合中国国情的方向有序地发展。

中国的经济发展状况决定了实现中国的农业信息化和电子商务化,主要有政府投资农业信息高速公路的硬件建设;完成网络的建设,有企业投资建立农产品企业网站。但中国当前处在改革发展的关键阶段,政府不可能有充足的资金承担全部费用。大量地吸收中国国内民间资金和国际剩余资金可以解决中国农村电子商务发展资金短缺的问题。

(1)统一认识,规划管理。建立统一和超脱性的协调机构,统一规划、大力宣传、积极协调、正确引导、稳步推进我国农产品网络营销的发展。一方面,通过提高社会各行各业,乃至社会公众对发展中国农产品网络营销的紧迫性、不可抗拒性的认识,让我们的各级政府行政管理部门都能行动起来,生产者和消费者都能参与进来,共同推进我国农产品网络营销的发展,抓住有利时机,缩短我国与发达国家的距离,跑在发展中国家的前头;另一方面,发挥国家建立统一的宏观规划和协调指导作用,积极引导消费者的观念、消除消费者心中的疑虑,营造和培育农产品网络市场环境。

(2)加强网络安全技术研究,积极推进我国自主知识产权软件开发。网络应用、网络安全、操作平台、农产品网络商务应用、财务应用等软件开发和应用,强化国家基础设施的建设。中国应鼓励开发自己的农业信息、预测与农业灾情监控软件。自主知识产权软件和国家基础设施建设是发展我国电子商务发展的基础,对电子商务安全性意义非凡。发展我国的电子商务,政府要鼓励自主知识产权软件开发和应用,建立相关的技术标准,引导企业有效进行自主知识产权和信息、资源的积累和保护。同时,积极推动我国信息化建设,促进政府管理部门联网,实现农业网络商务管理电子化的步伐。

(3)同步建立和完善符合中国国情的农产品网络商务法律、法规和信用制度。电子商务沿用了许多传统商业贸易的规则和做法,似乎可以将现行的法律沿用或者扩展到网络商务领域,但现实中的情况是复杂的,发达国家在网络商务的立法方面已经走在了我们的前面,对于硬性的套用现有法律,或者盲目引用他国的法律和国际公约都是不符合我国实际的,往往会引起意想不到的问题。法制环境建设中,应当在借鉴外国经验的基础上,结合我国的具体情况和特点,增强法律、法规的透明度和可操作性,发挥法律主体的积极性,提高行业自律能力,确保法律真正能够成为电子商务中所共同遵守的规则。

网络法律法规与信用体系建设应涉及以下方面:电子支付及标准;安全和可靠性;标准数据交换;标准关税;知识产权;信息基础;凭证确认。特别值得一提的是,有关农产品信息方面的立法。在信息化时代,信息将成为重要的资源和财富,信息的开发与利用不仅影响到国家的主权和利益,而且对信息资源的控制将会加大发达国家与发展中国家的差距。因此,农产品网络营销的公共信息平台的保密和安全、信息资源的垄断与利用等问题是中国农产品网络营销有效进行的保证。

(4)加强国际合作,避免闭门造车,要同全球性的网络商务发展相适应。网络商务是在信息网络的基础上全球一体化经济活动,发展我国的网络商务应当加强国际合作和交流。同时,要推动国家农业网络营销示范工程,鼓励农产品企业应用和发展网络商务,培育我国的网络商务市场环境,增加国际农产品贸易机会,提升农产品的国际竞争能力,农产品网络营销的环境的构筑有利于改变我国这样一个农业大国而非农业强国的状况。

(5)建立中国农产品网络营销环境模式的过程中要注意充分发挥企业的主导地位与推广试点项目,从现有成功的个案出发,引导更多的企业加入中国农产品网络营销的环境中来,积极发展各省区的试点项目工程,政府应当找出对地区、行业和企业有重要意义的有关农产品网络商务的发展领域。

(6)中国政府给予政策倾斜,进一步解决农村的一些交通、基础设施、信息通讯基础设施中的问题。

三、农产品网络营销的产业经济环境模式与发展对策

(一)提高农民与农业企业人员素质

发展中国农产品网络营销,要充分注意农村电子商务人才的引进与培养,教育要向农业院校倾斜,大力发展农业职业技术学院,加快适应现代化农业的人才培养,要培养现代农产品售前、售中、售后人才,要培养既熟悉农产品又懂网络营销的人才,要培养大农业的现代集约化生产所需的人才,通过试点项目带动农产品企业的发展,引导大中专毕业生"到农村这个广阔的天地去"的就业观,可以有效地改变中国人才就业面貌与助推农村信息化的进程。可以采用的措施有进一步加强农村基础教育,农村师资、教育教学环境要得到进一步改善;鼓励大学生从农村中来,到农村中去,为发展农村城镇化发挥才干;加强农业技术、信息技术的推广工作;加快农民上网工程建设,积极推进农民的电子商务、信息技术的教育与培训;在农村的初中阶段实施基础信息技术教育;鼓励城镇中的现代农产品、食品加工业转移到城郊安家落户,这将会带动大中专农业院校毕业生到农村去就业,从而提高农村劳动人口的综合素质,也有利于带动其他农民学习科学文化知识的积极性。

(二)加快调整农业产业化经营结构

我国传统的农业经营结构有许多不利于农业现代化与开展网络营销的地方。纵观发达国家现代农业发展的历史和现状,结合我国的具体情况,要实现我国农业现代化,推进农业产业化经营,必须倡导和组织农民走合作制道路,普遍建立各种类型的农民专业合作组织,使之成为农业产业化经营的重要组织形式。

一是解决农户小规模经营与变幻莫测的大市场之间矛盾的需要。我国是世界上人均耕地最少的国家之一,农户平均经营规模比日本还小,效率低,专业化程度低,资金不足,信息不灵,收益差,难以对市场变化做出及时、灵敏的反应。

二是逐步实现农业生产规模化的需要。目前,我国农民很多产品的生产,特别是土特产品生产极其分散,没有稳定的销售渠道,往往处于自生自灭状

态。同时,农民缺乏资金、实用技术,生产效率低,产品品质不高,面临着诸多制约因素,形不成规模和品牌。发展农民专业合作组织,可以给农民提供多方面的服务,建立自己的销售网络,可以集小为大、聚少成多,使某些分散的土特产品、新产品形成规模,保持长期、持续发展,并不断提高产品品质,创出品牌。

三是优化我国农业结构,提高农产品竞争能力的需要。2020年粮食价格全面上涨提醒我们要处理好保证粮食安全与优化农业结构的关系。发展农民特别是中西部农民专业合作社,可以促进优质粮食专业带的形成和发展,提高粮食主产区的综合生产能力,在全国范围内形成合理的农业产业分工,增强我国农产品的国际竞争力和盈利能力,提高各地区农民的经营收益。

四是推进农业城镇化进程,调整农民就业机构,加快农业加工业的发展,推进农产品流通、服务企业以及社区服务机构的建设,加强农村信用合作社和农业银行建设。

五是提高农村标准化程度,我国农村面积比较大,生产经营分散,不易形成规模化和标准化生产,虽然也有一些农民通过承包土地达到了较大的生产规模,但是大多数农户还是各自独立经营,这就导致各个农户之间生产的产品在种类、品种、种植方法等方面都有很大差别,很难实施标准化生产。

六是大力发展农村网络营销人才,目前我国农村人口文化水平普遍偏低,对电脑和互联网的认知很少。一项对农户文化素质的调查显示,绝大多数的农户仅停留在知道"有互联网存在"这个事实的水平上。因此,农村缺乏农产品网络营销人才制约着农产品网络营销的发展。

七是优化农村物流送货。首先,物流配送系统和服务体系不完善。我国还没有建立全国范围内有效的物流配送系统和服务体系,更没有专门的农产品网络营销物流体系;其次,物流技术落后。我国目前的农产品物流仍是以常温物流或自然物流的形式为主,技术手段比较落后;另外,农产品物流通常被不同的物流主体所分割,缺乏对物流环节的有效整合,导致物流效率低,损失率高。

这从1998年以来广东省委省政府的农业发展策略可以看出:

1998年5月,广东省明确提出"立足优势资源,确定主导产业,创办龙头企业,建立商品基地,辐射带动农户",形成"公司加基地加农户的生产、加工、销售有机结合,贸工农一体化的经营实体"。

1999年2月提出,在国家政府允许范围内,全面放开外商投资"三高"农业领域,以不同形式引进外资;发展"三高"农业项目,加大珠江三角洲十大现代农业示范区利用外资的力度。

2000年1月,提出"少种粮食多种果菜",为"入关做准备";后来又提出"加大结构调整力度,着眼于农产品的多样化、高品质""一是减少粮食播种面积;二是提高畜牧业占农业总产值的比重;三是重点扶持发展50家有实力、规模大、对农户辐射带动能力强的农业龙头企业,48家扶贫农业龙头企业;四是鼓励农户从家庭经营向市场化、企业化经营转变;五是加快土地经营权的合理流转,适度规模经营;六是健全农产品市场体系,调整市场布局和结构,提高集散功能,增强辐射能力"。当时,广东省农业"十五"规划蓝图之一,是建立现代化流通体系,着力培养一批集价格形成、调节供应、信息分布等功能为一体的农副产品市场。

四、企业要树立现代农产品营销管理理念

农产品网络营销的发展是一个全新的挑战,更是一个全新的机遇。在这全新的时期,我们必须有全新的理念、全新的策略,以市场为导向,以资源为基础,以效益为中心。在进行农产品网络营销之始,中国需要有现代营销理念的农产品企业的经验,才便于运用现代营销管理的理念积极开展网络市场营销,提高经济效益,以现代营销策略为手段,打造中国农产品品牌,挤占世界农产品市场空间。具体地讲,现代农产品营销管理是关于农产品市场调查分析,农产品市场定位,农产品构思,农产品开发及其定价、分销、物流、网络广告、宣传人员推销和网络售后服务等的规划与实施过程。

发展龙头企业,打造竞争主体。公司—农户农业产业化经营模式也是推动农业产业化经营的需要。龙头企业主要是指从事农副产品加工、储藏、运输、销售,与农民建立较紧密利益联系的工商企业。由于这些企业的经营活动延长了农业产业链,增加了农副产品的价值,给农民提供多方面的服务,较好地衔接了农业生产与销售,增加了农民收益,实现了农产品生产、加工、销售一体化,农、工、商一条龙。农户可以组织成经济共同体、合作社,生产可以自己参考网络信息,向政府信息网站、导购平台咨询,自己决策与调控,也可以依托

公司。发展龙头企业,也有利于培育在网络全球化商务环境下的竞争主体。

公司运用现代化管理理念经营,需要科学的风险分析、利润分析决策与现代农产品绿色营销管理。可以充分利用网络资源和现代信息技术辅助决策分析工具,依以下各方面进行绿色营销管理。按照比较优势原则,调整农产品结构,发展精细加工,提高农产品附加值;以消费需求为导向,提高农产品品质,适度规模经营,创造产品市场,打造农产品品牌;挤占市场份额,实施市场多元化战略,拓宽市场空间;举办或参加拍卖促销活动,完善市场体系。

任务三　农产品网络营销商务模式的构建

一、农产品网络营销整体商务模式的构建

根据中国的国情、农产品的特点与常见的网络营销模式,本书拟从中国农产品的运作方式、交易内容、使用的网络类型、交易对象、流程模式五个方面来构筑中国农产品网络营销宜采用的整体商务模式,以期对中国农产品网络营销的发展提出一些可供借鉴的模式。

其一,中国农产品营销活动的运作方式。由于中国人的传统思维是"耳闻为虚、眼见为实",目前网络环境不足以虚拟再现实物,中国农产品营销活动宜采用混合式的网络营销,即网络营销与传统农产品企业营销相结合的运作方式。网络营销方式能使交易双方跨越地理空间进行农产品的网络交易,可以充分挖掘中国地大物博的市场潜力与全球化的市场潜力,进行远程国内网络营销与国际网络营销,而非完全网络营销,增加中间机构环节,可以实行"本土化""地域化""同城化""社区化"的农产品的营销活动。

其二,农产品网络营销开展网络交易的内容主要以间接网络营销为主,仍需利用传统渠道送货。而相关的农业方面的应用软件、决策分析等可较大程度地采用直接网络营销。

其三,使用的网络类型。使用的网络类型应以 internet、intranet、extranet 为主,还会利用网格计算的技术模式。

其四,按照交易对象来构建中国农产品网络营销的模式。传统的 B2B、B2C、B2G、C2G 的传统营销模式中任一单一的模式均无法满足中国的国情与

农产品的特点,而宜采用多元化的立体矩阵式的网络营销模式,见表 3-2。

表 3-2 立体矩阵式的网络营销模式

	应答方		
	B	C	G
请求方 B	B2B	B2C	B2G
C	C2B	C2C	C2G
G	G2B	G2C	G2G

中国农产品网络营销需要政府的信息平台给予一定的控制与支持,提供与宏观监控、分析有关的中国国内市场信息,引导农产品的投资与流通。中国农产品网络营销可能触发个体间进行农产品的流通。中国农产品网络营销中,商务模式是立体多元的,政府充当的角色可以是商务中的角色,更应当是指导与监控的角色。

其五,网络营销的基本流程模式。如图 3-1 所示。

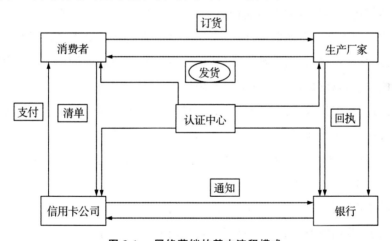

图 3-1 网络营销的基本流程模式

我国农产品流程模式总体策略:中国农产品网络营销流程以网络中介交易模式与网络直销模式相结合,在中国区域的东南西北各个方位的交通与商业中心节点建立大型的农产品网络流通中心,以北京、珠江三角洲、长江三角洲、重庆、甘肃等地为星形辐射模式,在中国的大中型城市设立社区服务中心,作为社区内农产品网络交易市场的中介机构,在中国的农村设立乡镇农贸信息、中介交易中心,如此,农产品的网络交易流程能有效地消除人们对网络营销的怀疑,真正有效地在本地范围内,在全国范围内,甚至在全球范围内把中国农产品网络营销活动开展起来。

二、农产品网络营销的政府信息监控与发布模式

政府管理部门府在农产品网络营销的活动中应当发挥宏观调控、政策引导、信息指导、灾情预测、资源分析与辅助决策等功能,可以设立层级制的农业信息系统,充分掌握各地区农产品的产前、产中、产后,掌握各地区的资源等情况,可以提供一个公开、公平、公正的农产品信息导购平台,对参与农产品网络营销的企业、个人实行公共性信息服务、政策指导与适当的商业性的信息咨询功能。建立农产品市场信息收集、发布制度,使市场信息标准化、工作规范化、法治化。政府的信息网站应当有一定的更新机制,各级网站界面都不应当是静态与单调的页面,应适时发布科学、真实统计信息,地方性农产品信息网络应当对当地当日的农产品交易行情进行导购。层级式的信息网络分布,各级农业部门应对本区域的农产品信息进行统计分析,预测与监控灾情。全国可以设立中国农产品资源数据库,与全国主要城市与地区的农产品价格体系分析,还应与国际接轨,采用数据挖掘等信息技术,对全球范围的农产品信息进行分析决策,以便进行宏观的引导与调控。

因此,本书构筑中国农产品政府信息网站与导购平台可以采用的系统模式(如图 3-2 所示)可参考一下。

各级信息中心导购平台都应提供相应的政策、灾情、资源,以及每日到每年不同层次、不同种类的农产品价格信息,提供相应的安全、认证等机制,对本区内的农产品信息发布的真实性要进行核查与排除。

目前,我国农业部门的信息网站基本铺成。但是,我们的农产品信息导购平台需要保存与收集每周、每月、每季、每年统计用的数据资料。如此,才能满足农产品的宏观调控决策所需。因此,本书认为构筑此网络要实现的是数据资源的共享,采用数据库技术、数据挖掘技术,可以找出农产品市场潜在的规律,可以用来指导农业现代化生产以及与人们日常生活有关农产品的价位指导,甚至可以作为信息资源有偿地提供给国内大型农贸企业。

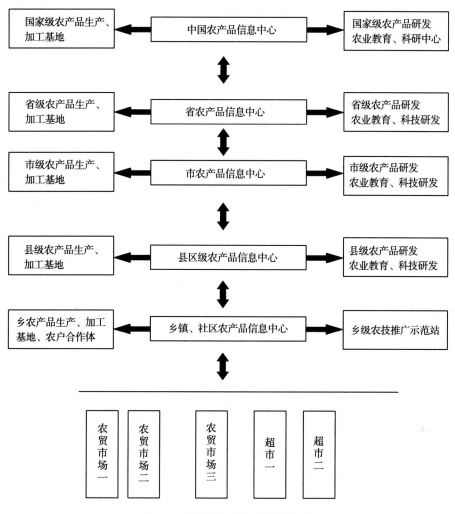

图 3-2 信息导购中心系统层次图

三、农产品网络营销的企业模式

从中农网的成功经验看,中国农产品网络营销的企业模式应走务实的网络营销模式,企业组织模式应为"企业虚拟网络—企业的内外信息网—支持企业内外网络的组织结构和组织管理",农产品企业网络营销的策略模式应转向"季节性、个性、信任、成本、信息"。在进行农产品的网络营销时,都涉及一些基本的重要因素,这些因素对模式的构成和特点都起了关键的作用。本书在对这些要素及其相互关系分析的基础上,建立了一种概念模型,可用它作为分析框架,对企业的经营方式进行分析。

在市场环境下构成网络营销模式的要素有五个,即客户关系、产品创新、财务要素、企业资源和业务流程。

客户关系包含客户知识、产品提供和客户管理三个因素,与市场环境、产品创新、企业资源、财务要素、业务流程相互发生关系。

第一,客户知识是建立和维持良好客户关系个性、信任营销的基础。客户知识包括对客户的识别、客户喜欢使用的沟通方式、客户的需求及企业给客户的让渡价值、客户的购买行为及客户为企业带来的价值。客户知识中,对客户价值的认识是核心问题。在掌握客户知识的基础上,客户关系职能向产品创新提供市场需求信息,同时又承担将产品或服务提供给目标市场的任务。提供产品的方式由客户关系职能根据企业目标决定具体的交易流程。客户管理包括选择与客户的沟通渠道,包括电子邮件呼叫中心(call center)上门服务或在客户那里长住。在提供产品或服务时,可采用市场细分方式,或者个性化的营销。

在客户关系管理中,企业与客户间的边界可以变得模糊,比如供应商在客户蹲点或进入客户的内部网络,或者客户参与产品研发和分享供应商的内部资源等。客户关系管理任务是提高客户满意度和忠诚度。满意度是客户关系管理的结果,而忠诚度又是客户满意度提高的结果。在优质产品的基础上,提供广度和深度的产品附加信息,再加上品牌建设,有助于提高客户满意度。满意度的提高能够保证维持与忠诚客户的关系。建立和维持客户关系的目的是保证客户长期稳定地为企业创造价值。构成客户生命周期内的价值因素有客户购买量、购买频率、支付方式、客户口碑对他人的影响、客户服务的难度及引起购买的直接可变成本。在分析客户价值的基础上,对客户提供的产品服务以及采取相应的营销策略和投入构成了商务模式中客户关系的内涵。

第二,产品创新包含价值创造、响应目标市场和创新能力三个因素,与市场环境、客户关系、企业资源、财务要素以及业务流程相互影响。价值创造包括以成本优先,集中企业的优势力量,向市场提供与竞争对手不同的产品的总和,包括产品或服务本身、增值服务以及销售产品和提供服务的方式。价值创造不是简单的产品生产或质量改进,而是关键资源的再次开发、积累与提升的过程。价值创造要求识别客户需求中未被满足的部分,要求独特的产品及服务功能与客户需求一致,要求创新效果可持续较长的时间,以及创新的成本能够被企业接受。在电子商务实践中,价值创新在信息中介服务,以及产品的信息、增值服务方面表现得更为突出。产品创新要求响应市场,如果产品不能满足市场需求,那么创造的价值是无用的。企业一般为一个细分的市场创造价值。

第三,企业资源是企业价值的基础,它涉及企业计划、使用资源并取得特定结果的能力,该能力是基于信息的、有形或无形的组织程序。企业的资源分内部资源和外部资源。资源对产品创新和客户关系职能起支持作用,同时又影响企业的成本结构。企业资源的构成与利用资源的能力决定了企业与要素市场的关系,以及在市场价值链体系中的定位。企业资源包括有效使用资源的工具和方法,为有效地利用企业内部资源提供了有力的工具。企业内部资源包括有形资源、无形资源和人力资源。有形资源包括厂房、设备、计算机网络等,信息基础设施在电子商务模式中起至关重要的作用。无形资产包括专利、商标、品牌、经验、企业的商务模式等,归纳起来称为企业内部的知识资本。人力资源是企业知识资本的基础,其既能提供价值,而且稀缺,又难以模仿,这能够使企业形成持久的竞争优势。企业外部资源的管理是企业资源管理的向外延伸。传统制造业的商务模式倾向于将产品从开发设计、生产制造到市场营销都集中于一家企业。活动合并,纵向组织压缩过程多样化,减少检查、核对与控制,以及单点接触顾客等,会激发业务流程的创新,这是电子商务模式中最具创新活力的部分。

在流程创新的竞争中,成功的电子商务企业开发了前所未有的商务流程,对电子商务模式的构造和发展起到了重要作用。成功的创新流程有亚马逊(www.amazon.com)的"一次点击购买"服务方式、双点击网站(www.donbleclick.com)的"网络广告提供、定向发布和效果测评"、流程电子港湾网站(www.eBay.com)的"在线交易环境中信息展示与管理"、流程在线购票网站(www.priceline.com)的"有条件购买报价买方代理系统"等。这些业务流程在工具的支持下为企业获得竞争优势起了关键作用。

四、网络直销模式

网络直销是供需双方直接利用网络进行交易的营销活动形式。特点是环节少、速度快、费用低。对于资金实力比较雄厚、技术力量比较强大的农产品加工企业、农产品的销售中心等而言,可以采用这种营销模式,自己建设农产品的营销网站。

五、网络中介交易模式

网络中介可以减少风险,提供正确可信的信息指导,并提供市场交易的公证,保障消费者的权益,促进农产品的买卖双方活动的实现。对于资金欠缺、技术力量薄弱的农产品加工企业、个体经营者,比较适用这种营销模式,如图3-3所示。

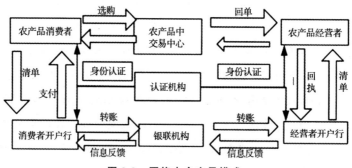

图 3-3　网络中介交易模式

任务四　农产品网络营销物流系统的构建

中国农产品网络营销模式下顾客分布区域分散且不确定,所购商品的品种多,购买量小,对配送时间、配送地点要求严格。它比传统经济模式下的物流配送更加复杂,要求更严格,这就增大了物流配送的难度,也增加了物流配送的成本。因此,电子商务的物流要以最低的价格,在准确的时间,把准确数据的商品送到客户手里,除具有传统经济模式下的物流特点之外,还应具有如下特征。

一、信息化

首先,物流企业内部要进行信息化建设,实现物流信息处理的电子化和计算机化、物流信息传递的标准化和实时化、物流信息存储的数字化。其次,物流企业要嵌入电子商务的供应链之中,与参与电子商务的企业(如制造商、供应商)、客户进行信息整合,实现信息、资源与数据资源的共享。把先进的信息、技术和管理思想,如电子数据交换(EDI)、电子订货系统(EOS)、有效的客户反应(ECR)等,运用到物流配送中,以降低成本,提高效率。所有这些都需要物流信息化,没有物流信息化,任何先进的技术都不可能用于物流领域,所以物流信息化是电子商务的必然要求。

二、网络化

物流网络化有两层含义:一是物流实体网络化,是指物流企业、物流设施、交通工具、交通枢纽在地理位置上的合理布局而形成的网络。电子商务的物流配送要根据市场情况和现有的运输条件,确定各种物流设施和配送中心的数量及地点,形成覆盖全国的物流配送网络体系。当物流网络中任何一个节点收到物流信息时,物流网络系统快速制订物流配送计划,利用物流企业的地理布局,选择最优的物流配送地点和运输路线,以缩短配送时间和降低配送成本。二是物流信息网络化,指物流企业、制造业、商业企业、客户等通过 Internet 现代信息技术连接而形成的信息网。通过信息网,物流企业内部可实现运输工具的合理调配、运输路线的最佳选择以及在途货物的实时查询等功能。通过电子数据交换系统、电子订货系统向供应商订货,收集下游顾客的订货信息,也可通过该信息网自动完成。

三、现代化

电子商务的物流配送必须使用先进的技术设备为销售提供服务。这些技术包括条码、语音、射频自动识别系统、自动分拣系统、自动存取系统、自动导向、货物自动跟踪系统等,只有采用现代化的配送设施才能提高配送的反应速度,缩短配送时间,而且生产、销售规模越大,范围越广,物流配送对技术、设备现代化的要求越高。

同时,发展中国农产品网络营销现代物流渠道还应注意以下几点:

首先,国家与企业共同参与,共建电子化物流系统。要建立电子化的物流系统,需要政府和企业共同参与。政府应加强在公路、铁路、航空、港口、信息网络等方面的投资力度,形成覆盖全国的交通网络和信息网络,为物流企业的发展提供良好的外部环境。物流企业要投资于现代物流技术，要通过信息网络和物流网络，为客户提供快捷的服务，吸引更多的制造业和商业上网，促进电子商务的发展，从而推动电子商务物流的发展。

其次，发展第三方物流企业。第三方物流是指物流由商务的供方、需方之外的第三方完成，从某种意义上可以说，它是物流专业化的一种形式。第三方物流一般在物流管理经验、人才、技术、理念等方面都具有一定的优势，对电子商务交易中供求双方的所有物流活动进行全权代理。同时，第三方物流资金雄厚，可以充分利用现代物流技术，具有建立在现代信息网络技术基础上的物流管理软件，保证客户在任何时间、任何地点查看货物及提供配套的服务。参与电子商务交易的双方可以把物流委托给专业物流企业，专心于电子市场的开拓和商务效率的提高。电子商务 B2B 交易模式，因为它交易量较大，客户面小，经常重复订货，这种模式的物流工作适合外包给第三方物流企业。

还要加强国际合作。国外在电子商务物流管理方面已取得了很多成果，比如 UPS 美国联合包裹服务公司的自动包裹跟踪系统、发货信息、自动获取技术等。我国物流企业一方面可以吸取国外物流管理的研究经验，向电子商务物流发达的国家学习，对国外物流理论与经验进一步吸收和消化，建立符合我国国情的物流理论；另一方面，和他们联合开发，使国内的物流配送尽快适应电子商务的发展。加强中国农产品网络营销物流人才的培养。网络营销物流人才是一种复合型的人才，这种人才既要懂物流，又要懂网络商务；既要懂技术，又要懂农产品物流管理。

任务五　农产品网络营销方式案例

一、自建网上超市模式——南昌米老大网上旗舰店

2012 年 11 月 29 日上午，南昌首个网上粮城项目——米老大旗舰店开业。江西米老大商务有限公司是由南昌市粮食交易市场有限责任公司和江西省农业产业化龙头企业江西华粮实业有限公司、江西怡恒集团有限公司三家共同发起成立的股份制公司。公司主要采用"电子商务"与"社区加盟门店"两条线平行发展的销售模式，米老大商务网与米老大旗舰店及社区加盟门店两

者相互关联,同样都是米老大商务有限公司的一部分。商务网站采用 B2C 营销模式,首期主要经营由市粮食局质检站等相关部门检验合格的放心粮油及副食品,属于线上经营,加盟店则是线下经营,两者相互配合。米老大网上粮城项目是南昌市粮食部门打造"放心粮油工程"的重要组成部分,主要包括一个放心粮油网上粮城、一个电子商务物流配送中心、一家电子商务实体体验旗舰店、一批分布于社区的配送加盟店。它拥有一个 200 平方米的旗舰店,一个 1000 平方米的物流配送中心,15 家加盟连锁门店。招募加盟书上,米老大宣传核心的竞争优势就是优质、平价、快捷、规模。预期招募 200 个加盟店。一年多运作下来,南昌米老大网上粮城销售量并不乐观,一年内仅仅售出 10 万斤成品粮食,平均每天不到 274 千克。2013 年南昌粮食交易市场销售额约 1600 万元,网上粮食销售额不到 100 万元,米老大网上旗舰店的销售量不到总销售量的 1/10 。

据南昌市统计局公布的数据显示,市区人口 331 万人,200 家专卖店单店辐射近 5000 户家庭,人口约 17000 人,按初期市场占有率 17% 计算,目标市场份额为:粮食 61 万斤/年,食用油 6.2 万斤/年。南昌米老大网上粮城显然没有达成这一目标。

南昌米老大网上粮城试运行失败的原因是多方面的:一是准备工作不够充分,截至 2014 年 8 月,米老大加盟店在南昌有 15 家(远低于预期),且签订送货协议的只有 2 家,而且是就近配送,送货范围小。二是线上线下会员数据不通,实体店会员不能进行网上登录,线上会员不能享受实体店优惠。三是只能货到付款,不接受在线支付,这对于朝九晚五的都市白领来说非常不便。退一步,就算没有以上这些硬伤,横向比较米老大网上粮城与京东网上超市,主界面"山寨"京东和淘宝,毫无特色,产品品类丰富度不够,知名度也不够,只在江西一定区域内有点知名度,价格与农贸市场粮油店和大型超市比并无优势。店中产品的唯一优势是南昌市政府承诺的放心食品,除此之外,与任何一家粮油店一样,毫无特色。经过调查分析,网购粮油的消费群体应该以都市女性白领为主,她们白天上班,晚上回家要做家务,没时间逛菜场。她们受过良好教育,能熟练操作各种购物软件,对网购这一新兴事物接受度高,也乐于尝试。她们有自己的事业,经济条件相对好,也乐于慰劳自己,所以她们要的是高品质、纯天然、有机绿色、有特色的健康食品。

二、通过网络销售农产品——电商

我们先来看以下几个案例：

案例一　2013年12月1日，上海国际马拉松现场一只"愤怒的小鸟"吸引了众多眼球，这只"小鸟"的真身是在微信上卖粟米卖火了的富军。富军在2013年和老婆开玩笑说要卖米，之后开始向微信好友赠送大米，为他的大米营销创造基础口碑。

任何微信营销，都需要两个基础条件：一个是足够多的好友数量；另一个则是与微信好友之间拥有较为紧密的关系。富军通过各种活动，增加自己的微信好友，为了与这些好友保持紧密关系，富军平均每周在朋友圈更新6条消息，并策划过一次效果不错的线下活动。

尽管没策划过品牌营销，但富军很了解互联网的属性，一次事件营销会带来爆炸式的效应，于是背着米袋子、贴满二维码的"愤怒小鸟"在上海国际马拉松现场闪亮登场了。富军粟米的微信营销是成功的，到2013年11月底，他统计全年订货户200个，销售大米收入200万元，而这些都源自于他的微信好友。

案例二　许熠是石家庄经济学院的一名大学生，过去3个月里，他和他的微信水果店"优鲜果妮"在石家庄经济学院火了一把。作为一名大学生，许熠的创业灵感来源于为女友送早餐的偶然经历。"石家庄经济学院共有学生1.7万名，其中女生6000多名。许熠强调，女生几乎每天都要吃水果，如果按每个女生一个月50元消费来估算，微信卖水果大有赚头。"

开业之初，许熠的"优鲜果妮"生意并不好做，常常等上一天才有一笔几元的订单。正如本书上面提到的，微信营销的基本条件之一是有足够多的好友，许熠和他的同学采用"扫楼"的方式来增加好友：将印制的市场宣传单、广告册发到学校的教学楼、食堂、宿舍楼；利用课间10分钟在各个教室播放"优鲜果妮"宣传短片……三个月时间的"扫楼"，"优鲜果妮"关注人数达到4920人，这些用户多为许熠的同学，针对这点，许熠经常推出个性产品，各类水果组成的"考研套餐""情侣套餐""土豪套餐"频频吸引同学眼球。此外，许熠的公众平台还会不时推送天气预报或失物招领信息来吸引粉丝。

案例三　2013 年阿里平台上经营农产品的卖家数量为 39.40 万个。其中,淘宝网(含天猫)卖家为 37.79 万个,B2B 平台上商户约为 1.6 万个。2013 年阿里平台上的农产品销售继续保持快速增长,同比增长 112.15%。1688 平台上农产品销售同比增长了 301.78%。生鲜相关类目保持了最快的增长率,同比增长 194.58%。2013 年农产品的包裹数量达到 1.26 亿件,增长 106.16%。

农业电商已呈燎原之势,更上一个台阶。新农人群体崛起,合作社踊跃去淘宝开店,农产品电商网站风起云涌,多类农产品在网络热销。与此同时,涉农电商服务商蓬勃发展。农产品网络销售有了更多的尝试和创新,在浙江涌现出了"服务驱动型的县域电子商务发展模式——遂昌模式",它正是县域农产品电子商务发展的缩影。遂昌县不大,5 万人口的县城却聚集了几千家网店。2013 年年初,淘宝网全国首个县级馆"特色中国—遂昌馆"开馆。2013 年 10 月,阿里研究中心、社科院发布"遂昌模式",被认为是中国首个以服务平台为驱动的农产品电子商务模式。

遂昌模式主要是体现了两大块。一是以"协会＋公司"的"地方性农产品公共服务平台",以"农产品电子商务服务商"的定位探索解决农村(农户、合作社、农企)对接市场的问题。二是推出"赶街——新农村电子商务服务站",以定点定人的方式,实现在农村实现电子商务代购、生活、农产品售卖,基层品质监督执行等功能,让信息化与农村更深入地对接与运用。

我们从遂昌模式中可以得到一些启示:

一是做农产品电商并不是农民开网店,专业的人需要做专业的事情,一村一店不现实那都是不了解农村的人提出的。如今,一村一店一品的模式是可以实现的。

二是物流难题并不是需要自建物流,生鲜电商的运输主要靠泡沫箱包装,这也是目前的权宜之计。需要做电商的人与社区合作,把后端交给他们。

如今,农村市场的开发已不在话下,现在有很多的企业也纷纷开始涉农,把目光都投向了农村,互联网农业发展潜力由此可以体现出来。要想电商做得好,就要向一些好的电商模式去学习、发展,让当下的电商之路能够越走越远。

案例四　现阶段,又出现了一种新型的"农业玩法",这种模式可以让众人把心里对食品安全问题的疑虑消除掉。这种模式就是——可视农业!

(1)农产品营销出现新拐点——"可视农业"是个新事物。

"可视农业",听起来是个新名词。有人说,可视农业不就是农业物联网加上互联网吗?其实,关于可视农业的报道很多,如坐在家里可以看到千里之外自己养的猪,城里人也可以种西瓜,坐在家里也可以遥控自己家订购认养的草莓地等等,听起来很神奇有趣。

所谓"可视农业",就是看得到的农业,是一种看得见农作物(或可食动物)生长过程的模式、手段和方法。它依靠互联网、物联网、云计算以及雷达技术和现代视频技术来实现,让远近的消费者都能够放心地去购买、去消费。

(2)"互联网+可视农业"盘活了农产品营销。

近年来,"可视农业"平台通过改造升级传统农业,贯彻电子商务下乡,升级商店对接餐饮,派发订单生产等形式活跃农村市场,不断向可视农业生产商派发订单订金,有效地解决了传统农业市场通路、资金短缺和食品安全三大疑难问题,将质优价廉的产品输送到各个市场终端。事实上,可视农业对于大部分普通民众来说,还是一个新事物。

"可视农业"拥有众多的投资者,利用网络平台进行远程观察并下达订单,他们可以在千里之外的偏僻农村或山林订养一群生态猪、一群生态牛、一群生态鸡,或者是订种一片生态的蔬菜、稻田或果树等。收获后,或拿它们去享用,或扩大销售去赚取合法利润。既能解决食品安全问题,又能解决农副产品销售难的问题,还能得到产前订单,让农产品升级卖上好价钱。

如何让城里人吃到好食品,让农副产品卖上好价钱? 2016 年 3 月 1 日,"互联网+可视农业 CO-CI 精准实施推进会"在长沙举行,旨在通过科学有效的互联网行动,来解决食品安全问题、农副产品无销路、好产品卖不上好价钱等问题。

率先提出"互联网+可视农业"概念的国视农网负责人介绍,"可视农业"主要是指依靠互联网、物联网、云计算以及雷达技术及现代视频技术将农作物或牲畜生长过程的模式、手段和方法呈现在公众面前,让消费者放心购买优质产品的一种模式。

据了解,"可视农业"还有一大功能,就是可靠的期货订单效应,众多的"可视农业"消费者或投资者,通过网络平台进行远程观察并下达订单,他们在任何地方通过可视平台都能观察到自己订的蔬菜,水果和猪、牛、羊等畜产的生产、管理全过程。

(3)"可视农业"的价值所在,物流问题需解决。

实际上,不管我们是买农产品还是卖农产品,最关心的就是食品安全问题。近些年我国食品安全问题出现了许多影响较大的事件,让人们买得不放心,吃得更不安心。

其实,我们知道,只有从农场直接到餐桌,才能确保食品安全,"可视农业"就是从农场到餐桌整个过程可视化,是一种有效的监督,解决了食品的安全问题。

其具体操作方法:在生态环境优良的基地及田边地头装上摄像设备,让农产品的生产方式全面呈现在网络上,让消费者都能够放心地购买。

"互联网+可视农业"就是可以运用可视监控技术,从田地到餐桌全产业链无缝监控,从基地种养到物流配送运输,再到消费者的实时跟踪监控,让消费者真正实现健康安全可以追溯。随着农业电商的发展,网上订购、"可视农业"将是农业未来发展的一种方向,这也将有效地解决食品安全问题。

但是,就目前这种情况来看,农业电商很热闹,但真正盈利的少,主要是物流费用高,"可视农业"虽然很有前景,但如何解决其物流成本高的问题,将影响其发展前景。

三、网络营销常用方式

网络营销(On-line Marketing 或 E-Marketing)就是以国际互联网络为基础,利用数字化的信息和网络媒体的交互性来辅助营销目标实现的一种新型的市场营销方式。简单地说,网络营销就是以互联网为主要手段进行的,为达到一定营销目的的营销活动。

(一)微博营销

随着微博的火热,催生了有关的营销方式——微博营销。微博适应了用户互动交流的需求,顺应了信息传播方式大变革的趋势。作为互联网的一种新的应用模式,它的高度开放性,介于互联网与移动网之间,无论在何时何地,用户都能及时发布消息。

大家知道,戴尔是通过自己的官方网站进行直销的,这样就出现一个问题,就是它经常会有新产品出来,也经常有促销活动,仓库里的产品也在经常变动,这些信息仅仅在自己的网站上公布,有局限性,影响的人群不够多。戴尔的方法是在 Twitter 上注册许多账号,每个账号负责一个专门的内容,产品信息的账号专门发产品信息,指定给专门的受众看,这样就不会骚扰其他人了。这是戴尔的一个特点。戴尔在 2007 年 3 月注册 Twitter,到现在已经有了 150 万粉丝。

戴尔在产品账号上,经常发表的信息内容包括:①经过翻修的二手产品信息,价格很诱人,并且有库存数据;②超低价格的清仓甩卖活动信息;③新产品信息;④优惠信息。

在每年的节假日,戴尔会向 Twitter 上的 150 万粉丝发送独家折扣大优惠,有 12000 名购买戴尔新产品的人享受了七折优惠。戴尔在 Twitter 上发给客户的折扣礼券,可以链接到专门的网页,在订购产品时享受到优惠。通过 Twitter,戴尔在全球已经直接创造了近 700 万美元的营业额。

我们再介绍一下戴尔在 Twitter 上的分组情况。目前,戴尔在 Twitter 上已经拥有 65 个群组,每个群组都有专人负责管理,像一个个一对多的在线客服窗口一样,让客户能得到丰富而实时的信息,同时客户还能看到其他用户的问题解答。在新浪微博上,戴尔中国是 2012 年 3 月 7 日上线的。戴尔的客服用轻松活泼的方式和大家唠家常,分享最新的促销打折信息,时不时地搞一些互动活动。在戴尔中国微博账号的背后,是一个个鲜活的面孔,它们是来自戴尔员工的真实声音。

(二)病毒式营销

病毒式营销(Viral Marketing,也可称为病毒性营销)是一种常用的网络营销方法,常用于进行网站推广、品牌推广等。病毒式营销利用的是用户口碑传播的原理,在互联网上,这种"口碑传播"更为方便,可以像"病毒"一样迅速蔓延,因而"病毒"式营销成为一种高效的信息传播方式。同时,由于这种传播是用户之间自发进行的,因而几乎是不需要费用的网络营销手段。

1. ICQ

ICQ 在被 AOL 收购之前，属于以色列一家公司，当时已经拥有了 1200 万实时信息服务注册用户。ICQ 的通信方法也类似于病毒性传播方式。通信双方都需要下载安装客户端软件，然后，用户会通过电子邮件等方式告诉自己的朋友或同事，请他们利用这种网上实时通信工具，就这样一传十，十传百，越来越多的人加入到 ICQ 用户的行列。

2. 亚马逊

亚马逊同时采取会员制和"病毒"式营销两种方式来进行推广，有超过 50 万会员网站链接到亚马逊网站，通过在会员网站点击链接到亚马逊网站的 BANNER 广告完成的网上购物，会员网站将获得一定佣金。亚马逊采用的"病毒"式营销手段是鼓励顾客送给朋友一本书作为礼物，当收货人收到礼物时，印刷在包装品上的宣传资料在为亚马逊做广告。

3. GeoCities

GeoCities 为用户提供免费建立个人网站的服务。用户邀请朋友访问自己的网页，当有访问者来访时，GeoCities 的弹出广告会邀请访问者使用 GeoCities 的服务。

（三）搜索营销

搜索引擎营销（Search Engine Marketing，简称为 SEM），是一种基于搜索引擎平台的网络营销方式，主要利用人们搜索引擎的使用习惯，在人们进行信息检索的时候将营销信息传递给目标客户。搜索引擎营销追求最高的性价比，追求以最小的投入通过搜索引擎获得最大的访问量，并产生预期商业价值的营销效果。

摩托罗拉在推广自己手机产品时，就曾经采取搜索引擎营销的举措。2005 年，摩托罗拉聘请了著名的搞怪组合"后舍男生"参与自己的一项营销活动。"后舍男生"自 2005 年走红网络以来，在青少年群体中颇具知名度。在百度搜索中输入"后舍男生"，相关网页多达两三百万篇。而"MOTO 玩转音乐大赛、搞怪音乐、玩转 MOTO"的"口型我秀"活动，其目标群体与喜爱"后舍男生"的群体具有很高的重合度。摩托罗拉在营销策划中很自然地就将"后舍男生"与 MOTO 紧密联系起来。搜索"后舍男生"的网民必然对"后舍男生"感兴趣或者有好奇心,而随之链接到摩托罗拉营销活动的页面,就很容易在目标群体中扩大 MOTO 的宣传力度,促使网友们参与活动,增强活动效应。据统计,摩托罗拉网站的访问量仅一个月时间就达到了 1400 万。调查结果显示,24% 的人能回忆起 MOTO Mp3 的功能,MOTO 有趣的属性提升到 18%,手机销量 3 个月内增加了 270%。

第一视频网站在 2009 年推广其"时时彩电子开奖电台"时,也采用了搜索引擎营销的方式。前期推出"时彩族",进行概念式推广。从"时彩族"的生活、工作、行为特征等角度进行传播,以招聘的角度,阐述"时彩族",促使"时彩族"成为各媒体报道的新闻焦点,受到很高的关注。"时彩族"在一周内就成为百度百科的词条,形成媒体关注的制高点,在 2009 年 9 月 4 日成为百度搜索风云榜中的今日搜索热点榜的第四名;在一周的时间内就有不少于 10 家的平面媒体主动报道"时彩族",不少于 100 家的网络媒体主动报道"时彩族",成为继"月光族""闪光族"后的另一个新兴热点关注族体。中期借"时彩族"热度和"第一视频时时彩"进行捆绑传播,借着"时彩族"的火爆程度将"第一视频时时彩"的信息植入,通过解读"时彩族"的人群分布、生活特点等将其与"第一视频时时彩"进行捆绑,最终打出"只有玩儿'第一视频时时彩'的人才算真正的'时彩族'"的旗帜,在各大网站上只要有"时彩族"的地方就有"第一视频时时彩"的身影。在人们对于"时彩族"的存在争论不休的时候,潜移默化地将"第一视频时时彩"的信息拓展开来,形成了一种良性互动传播。经过一个多月的推广,"第一视频时时彩"无论是在网民认知度上还是口碑上都得到了极高的提升,使之成为"时时彩"行业的领军代表。搜索引擎营销的增长已经成为全球趋势,中国搜索引擎营销市场的增长率也超过了 100%。仅在 2009 年上半年,尽管受到了季节性影响以及经济环境不确定性的挑战,中国搜索引擎的广告营业收入总额仍然高达 293 亿元。

（四）BBS营销

BBS营销成功案例——封杀王老吉

汶川大地震刚刚发生不久后，在CCTV赈灾捐款晚会上加多宝集团（生产王老吉的集团）捐了1亿元。在接下来的几天里，各个论坛里充斥着和王老吉有关的信息，大部都是赞扬这个企业的，表示今后只喝王老吉。王老吉的贴吧里也一下子活跃了起来，褒奖之声不绝于耳。当时只是觉得奇怪，为何王老吉被如此多地提及，难道只是因为它捐款捐得多吗？不！一篇名为《封杀王老吉》的帖子尤为火爆，其内容是作为中国民营企业的王老吉，一下子就捐款一亿元，真的太狠了。网友一致认为不能再让王老吉的凉茶出现在超市的货架上，见一罐买一罐，坚决买空王老吉的凉茶，"今年爸妈不收礼，收礼就收王老吉！""支持国货，以后就喝王老吉了，让王老吉的凉茶不够卖让他们着急去吧！"这个帖子首次出现在天涯论坛就获得了极高的点击率，而后又被网友们疯狂转载。简单用"封杀王老吉"搜索了一下，百度出现了3350个结果——真是不小的数字！光是论坛的转载就超过3000条。惊人的转载量、回复量和点击量让这个帖子登上了各大论坛的首页，也引起了传统媒体的关注。

当时《北京晨报》就有一条关于这个帖子的报道。这个"正话反说"的"封杀王老吉"倡议，昨天在天涯社区发出后，迅速成为最热门的帖子，很多网友刚看到标题后本来是要进去愤怒驳斥，但看到具体内容后却都是会心一笑并热情回帖。到当天下午，这个帖子几乎已遍及国内所有的知名社区网站与论坛。的确，当全部的网民都在支持王老吉的时候，一个这样标题的帖子的确会让人不得不看。简单的几句话，很平实，却很有煽动力，不但导致了网友疯狂地转载，更直接鼓动起了网民对于王老吉的购买热情。于是，王老吉在多个城市的销售终端都出现了断货的情况。之后终于证实了一直以来的猜想，王老吉这次捐款行为的网络传播确实是人为操作的。

（五）事件营销

简单地说，事件营销就是通过把握新闻的规律，制造具有新闻价值的事件，并通过具体的操作，让这一新闻事件得以广泛传播，从而达到广告的效果。

1. 蒙牛"神五"事件一飞冲天

企业事件营销的好坏，最大的差距在于抓住事件的敏锐程度和媒体策略上。蒙牛敏锐抓住"神五"飞天这个令国人无比自豪的重大事件,独家赞助牛奶供中国航天员日常生活、训练所饮用,并承诺14位航天员可以终生免费饮用蒙牛牛奶。借这一赞助事件,蒙牛展开了"中国航天员专用牛奶"的广告运动,赢得直接消费者和潜在消费者的认同和偏好。

当消费者在看到蒙牛牛奶是中国航天员专用牛奶后,心理直觉就是蒙牛产品品质最值得信赖。蒙牛没有仅限于赞助,而是利用神舟五号降落的那一刻做了一次大的事件营销。在媒介策略上,蒙牛采取了"重点加支撑"的以点带面的方法,即在中央电视台密集投放广告的同时,采取全方位策略,配合以户外媒体、报纸、网络广告投放。那一刻,中国人事实上是把对神舟五号、对整个民族的自豪感和蒙牛品牌捆绑到了一起。

2. 南孚借重大事件完美演绎品牌内涵

南孚人借北京申奥、世界杯预选赛、中国加入世贸组织三大活动,与消费者实现心理层面深度沟通。在2001年的广告宣传中敏锐抓住了这3件国人最为关注的大事,看到了其中的精神联系,响亮喊出了"坚持就是胜利"这一让中国人荡气回肠的广告语,将南孚电池"电力持久"的产品卖点强烈地灌输给消费者。

南孚不是一个单独的事件营销,而是围绕一个传播主题,选择了一系列的重大事件,在连续性中坚持了自己的同一个诉求。为此,南孚制作了一系列电视广告片,从女足、申奥、国足出线到中国加入世贸组织,每一个事件广告片的广告语都是"坚持就是胜利",将事件中充分体现出来的那种持之以恒、坚忍不拔的精神,与南孚电池"电力持久"的品牌形象完美结合,在消费者心目中的品牌美誉度得到了极大提升。

3. 海尔赞助北京申奥打动国人

海尔当时400万元的广告投入,估计得到的广告回报超过5000万元。2001年7月13日,北京申奥成功,这是一个国人狂欢的日子。对一切广告宣传机会非常敏感的海尔集团广告部部长曲朋昌,从2001年5月就盯上了中央电视台的北京申奥直播节目。最后,中央电视台广告部专门为海尔集团设计了一个以点带面的主题式广告投放组合。从6月12日到7月12日,中央电视台在申奥宣传片和7月13日申奥直播节目宣传片后播放海尔集团的广告,并在 7 月 13 日当天的申奥直播节目中为海尔集团提供一个特别的套装广告，包括申奥成功后的祝贺广告。

2001 年 7 月 13 日晚上投票结果出来后，海尔在青岛总部办公室的电话几乎被打爆了，来自全国各地的电视观众居然纷纷把电话打到海尔集团总部，与海尔分享北京申奥成功的喜悦和激动。

（六）视频营销

视频营销指的是企业将各种视频短片以各种形式放到互联网上，达到一定宣传目的的营销手段。网络视频广告的形式类似于电视视频短片，平台却在互联网上。视频与互联网的结合，让这种创新营销形式具备了两者的优点。

作为联合利华公司旗下的多芬（Dove）美容品牌"真美运动"的重要一环，"蜕变"系列网络短片一经推出，就红极一时。

2007 年，在"蜕变"这个 1 分多钟的广告中，观众亲眼看见毫不上相的面孔如何在化妆师、摄影师和 Photoshop 软件的帮助下，变成了公路广告牌上美若天仙的超级模特。广告最后的字幕写道："毫无疑问，我们的美感已经被扭曲了。"这个妙趣横生的"揭秘"视频在吸引眼球的同时，也向公众准确地传递了该品牌"自然美"的概念。

由于这个"揭秘"视频妙趣横生、夺人眼球，该广告片通过网络渠道传播时，引发了消费者的强烈互动。"这段录像让我对自己的感觉好了 100 倍！"一位女网民写道。人们疯狂地自发传播该短片，和朋友讨论什么是真的美。多芬品牌也因此得到了有效推广，而且根本就没有花费媒体投放费用。

在 2007 戛纳国际广告节上，"蜕变"一举夺得 3 项 Grand Prix 大奖。在系列活动推出两个月之后，多芬在美国销量上升了 600％；半年之后，在欧洲的销量上升了 700％。

◈ 课题四 农产品网络营销系统分析

农产品网络营销系统建设是一项方向性的基础工程,既是地方政府和行业主管部门关注的重点,又是网络营销人员日常维护和业务依靠的对象,还是网络技术人员需要研究和改进的工作方向。

《农业农村部关于加快农业全产业链培育发展的指导意见》提出,加强农村电商主体培训培育,引导农业生产基地、农产品加工企业、农资配送企业、物流企业应用电子商务。实施"互联网+"农产品出村进城工程,充分发挥品牌农产品综合服务平台和益农信息社作用,加强与大型知名电子商务平台合作,开设地方特色馆,发展直播带货、直供直销等新业态。为农产品网络营销系统建设指明了方向。

任务一 网络营销系统建设的目标

对农产品网络交易平台进行深入的研究与开发应用,从而实现农产品信息快速转化,促进农产品的区域化和涉农产品的商品化,最终能够更好地服务于农民以及农业生产大户,使得当地农民收入增加,农业现代化快速发展。

根据系统建设目标和当地的实际情况,最终确定系统建设的目标任务主要有以下三项:

一、实现农业信息共享,推动农业市场信息流通,维护农业整体稳定运行

众所周知,农产品是一种缺乏需求弹性而富有供给弹性的商品,农产品的生产都需要一定的生产周期。根据经济学里蛛网模型理论的假设条件,一种产品一旦决定本期生产规模,在未完成生产之前是不能中途改变规模大小的,

市场价格的变动只能影响到下一个生产周期的产量,而本期产品的产量则决定着本期产品的价格。根据这一理论,农产品价格处于一种越来越不稳定的状态,产量随价格的变动而波动得越来越大。我国是农业大国,农业生产的稳定直接关系到整个国家的安定。不仅需要政府采取一系列必要的措施,建设农产品网络交易平台,保证信息的透明化,让生产者能够及时了解生产规模和市场上的供求状况,从而避免上述情况所带来的不稳定。

二、丰富农产品销售渠道,完善农产品的销售模式,使农民显著增收

目前,我国农产品的销售渠道还不够宽阔,普通农户销售农产品仅仅是通过当地的供销社或者是一些收购商。这样错失了很多潜在的客户。而农产品网络交易平台的建设,给农产品的销售提供了一种新的方式,让供给双方直接交易的可能性更大,从而降低了成本。

三、创造一种农产品销售的新渠道,提高农业企业的信誉,使农产品更具竞争力

网络营销这几年日益受到欢迎。商品的营销活动一般包括对于商品销售的调查研究分析、对整个产品市场的估计和预期,将市场进行分解并制定销售目标,对产品以及品牌进行设计和包装等等。在互联网上对企业的品牌进行宣传,提高企业的名誉和信誉;与此同时,可以在互联网上发布宣传广告,使更多的人了解到企业的信息,从而使当地的农产品更具竞争力。

任务二　网络营销系统建设的原则

农产品交易平台本身就是一个系统性工程,它的复杂程度高、涉及范围广、专业性相对较强。系统工程设计的总原则一般是要有统一的平台,部门之间相互联系、互联互通、共享资源。同时,还要遵循以下几项设计原则:

一是系统的设计要符合国家的相关政策和各种法律、法规,还要考虑到与在制定或者是将要出台的各种相关标准、规定相一致。

二是任何一种软件在基础结构和应用形态上都要求技术的先进性、应用性、延展性和可靠性,所以设计该平台时要充分考虑上述要求,并且在系统架构、软件开发和数据库的选取上要符合实际。

三是数据库是系统的核心,在设计上必须要保证数据的完整性、规范性和一定的安全性,而且要将信息的采集、存储、传输和处理作为重点考虑对象。当然采集的信息也要便于统计和管理。

四是平台在设计上应该保持整体风格的一致性,数据库程序的编写应当注意规范。对于用户使用界面的设计以及平台首页的设计应该简单明了,让用户掌握起来比较容易。同时,每个版块都应当设有浏览统计的工具。

五是对于信息资源的提供和发布,应该利用数据库技术建立统一的目录以及数据查询字典,并配有能够兼容开发数据库的标准接口,以便可以在多种网络环境下自由传输信息,真正实现信息资源的共享。

任务三　网络营销促进农产品流通系统形成

一、推进农产品网络营销的路径

(一)搞好网络基础设施建设工作

搞好网络基础设施建设工作,大力提升网络普及率,努力实现信息技术现代化,借助相关农产品网络营销的各种优惠政策,推动农户、生产商、销售商共同成立农产品信息网,提升农户的网络使用率。

(二)提升农民的整体素质,大力培养新型、综合型农业人才

要想实现农业信息的现代化发展,人才是重中之重,只有拥有强大的人才队伍,积极强化网络信息意识,将网络信息资源充分利用好,才能更好地保障农产品网络营销的顺利、高效开展。

(三)提升农产品的标准化程度

要在农产品生产之前,拟定统一的农产品生产技术规范和农产品加工、检测、包装等技术标准,尽可能地提升农产品的标准化程度,将农产品的整个生产过程以及产前、产后等过程都进行规范化管理,让农产品的质量更有保障。在农产品的网络销售过程中,顾客没法进行现场的评价和质量检测,销售工作往往大都依赖于农产品供应商的信誉以及产品的品牌力量,因而要积极创建农产品品牌并进行大力宣传,向顾客传递农产品的高质量以及浓郁特色等信

息,以期得到客户的肯定,这对于增加农产品的市场占比、提升农产品的市场竞争力都是十分有利的。

(四)借助网络资源,组织各种营销活动

1. 及时发布农产品信息

农产品的营销人员及时将农产品的具体信息以及相关服务等信息在公司页面上更新,以期用这一方式让顾客知晓,抑或是赞助一些重要会议、政府性非盈利活动等,然后在活动举办期间发布赞助页面,在这些页面上,建立一个超级链接,"直达"公司页面。当然,农产品的信息发布要全面、实时,信息内容不仅要囊括农产品的种类、价格、品质、数量等基本信息,还要包括涉农企业、合作组织、经纪人、种植养殖大户等信息,确保信息更新及时,让顾客获得最新的农产品供应信息,方便顾客订购。

2. 农产品网络直销

进行农产品网上直销的渠道有很多,可通过站点直销,也可通过虚拟电子商场直销,客户可以在页面上进行任意挑选,然后决定下单购买。在这个过程中,可以充分利用网络营销手段,比如网络广告、微信朋友圈等宣传手段,充分利用网络聊天手段和客户进行沟通,从而更好地推进农产品网络营销的发展。

综上,网络为农产品销售提供了一个更加广阔的平台,尽管这一新兴的销售模式在具体操作实践中会遇到诸多障碍,但是我们相信,随着政府支持力度的不断加大以及人们消费观念的不断更新,网络营销势必会在农产品销售中发挥越来越积极的作用。

二、网络营销是促进农产品流通的新措施

我国经过40多年的农业改革以后,取得了令人瞩目的成就,主要农产品产量先后跃居世界首位,农业正由传统农业向现代农业转变,改变农产品价格信息不公开、商流与物流不分离的传统现货交易方式,逐渐适合网络社会的交易形势也就势在必行。运用现代网络信息技术,大力推进农产品网络营销,积极开拓国内外市场,从根本上提高我国农产品的国际竞争力,是促进农产品流通的有效途径。

同时,我国是一个农业大国,拥有着广袤无垠的土地,每年的农产品产量

甚多,但是各个地区的气候不同,土壤条件也存在着一定差异,导致各地区的农产品产量参差不齐。在一些较为偏远的地区,农产品销售渠道过于单一,市场信息不够流通,供应周期较长,农户与商家无法实现信息的共享,这样的情况严重影响当地农产品的正常销售情况。随着互联网技术的普及,即便是偏远地区也可以通过互联网了解市场的信息,及时掌握市场动态,尤其是在销售渠道上更是拓宽了维度,让更多的消费者了解产品,使得更多的商家参与进来,满足了农产品市场多样化和动态化的需求。农产品的网络营销是近些年产生的新型营销。这种模式具有独特的优势,以互联网为基础平台,通过网络技术收集农产品的供求信息和产品自身信息。人们可以通过互联网平台了解相关农产品的信息,加快信息共享,拓宽销售渠道。

（一）有利于市场信息的获取

互联网销售市场几乎是一个完全竞争的市场,信息的实时性和买卖双方之间的透明性,大大降低了准入门槛和经济主体之间信息不对称的程度。在我国农产品营销对市场信息的依赖性进一步加大的情况下,依托网络营销技术,建立国际、国内农产品市场信息系统,可以使农业生产者通过互联网及时了解相关农产品的市场信息和营销信息,以便制订种植、生产、加工和销售等计划。

市场经济具有一定的不确定性,并且会受到不同因素影响而产生波动,导致农产品市场出现信息不对称现象,如通信、交通等因素。这进一步加大了农产品市场的交易风险。网络营销发挥出了信息化的特点,能够第一时间对农产品信息进行发布,及时了解供需状况,掌握市场动态和行情,将农产品信息快速传播,弥补了以往传统销售模式信息传递慢的缺陷,使交易双方之间的信息实时更新,实现交易平等、透明与互动。与此同时,利用网络营销手段,能够为农产品提供一个更大的交易平台,实时传播相关农产品的知识,交换产品信息的技术经验和营销经验,实现农业知识的信息共享,帮助农民解决相关的疑惑。建立科学的生产计划,能够帮助农民避免一些不必要的经济损失。

（二）有利于降低农产品市场交易成本

研究和调查表明,网络上发布信息和销售商品不需要投资大额的固定资产,而且由于供求双方信息透明、实时和高度的互动性,使得农产品营销过程中信息搜寻、条件谈判议价与监督交易实施等各方面的成本显著降低。

通过网络营销的手段能够有效地降低交易成本,提高农产品自身的效益。网络营销为农民提供了一个便捷的交易平台,可以更加直接地了解农户与需求方的需求,并通过填写的信息可以直接联系。与以往传统的交易方式不同,没有中间商赚差价,彼此的需求可以直接进行沟通,减少了交易过程中双方的谈判成本。网络化的营销模式对流程更加精简化,减少了传统实物基础设备的需要,只需要在网络平台上就可以完成沟通交流,减少了店面管理费用以及销售人员的费用支出。除此之外,网络平台可以让农户直接通过网络了解农业相关知识,购买生产资料,节约自身的采购成本,使其能够更加灵活运用资金。

（三）有利于打造农产品品牌

网络媒体的制作速度、覆盖能力、动感效果和宣传成本均远优于传统的农产品营销方式,更有利于打造农产品品牌。

（四）有利于开拓国内国际市场

网络有利于加强农户与外界的联系,加快农产品营销的速度,提高农产品的市场开拓效率,成为畅通国内大循环、促进国内国际双循环的有机组成部分。

（五）有利于客户关系管理

互联网的出现和大规模应用,使经营管理模式开始了从以产品为核心向以客户为核心的重大转变。经营者基于顾客数据库可以为需求者提供高效的售前、售中和售后服务,实时为其解决农产品营销中产生的问题,并与其建立一种信任的持续关系。

（六）有利于扩大市场规模

当前的市场竞争越来越激烈,想要在变化莫测的市场动态之中获得稳定的发展,就需要保持与时俱进的发展眼光,农产品市场也是如此。相关的企业以及农户要懂得包装自身的产品,发掘自身产品的特色,打造产品亮点,形成自身的企业品牌,并通过合理的营销手段扩大市场规模。农户可以将自己的农产品信息在网络平台上进行发布,以此拓宽自身的市场规模,加大产品的销售力度,并且对于较为分散的农产品信息进行有效的整合,形成一个规模化的销售,即便是需求方来自不同地区,也可以通过网络化的平台与农户进行实时沟通与交流。出现订单交易,系统平台会在第一时间通知农户。整个流程下来十分流畅,没有多余的环节和资金支出,为农户和需求方提供了一个稳定、便捷、高效的交易平台。

除此之外,网络环境下产品信息的传播速度以及网络媒体的覆盖面,动画的宣传成本和效果具有十分明显的优势,对于农产品品牌的打造十分有利,知名度逐渐提升。

(七)破解网络营销中农产品流通难题

1. 建立健全农产品网络营销流通模式

为了进一步帮助农产品网络营销能力达到真正的信息化、数字化、网络化的流通模式,可以不断地建立以下模式:

(1)构建基于农产品分类的合作组织、土地股份合作社等为依托的"B2B""B2C"模式。

(2)构建基于农业企业自建站点的"B2B"模式。

(3)构建基于第三方交易平台的"B2B"模式。

(4)构建基于农户产品网络的营销服务公司。

这些全新的营销模式,以信息技术手段为依托,为农户有效提供了一个现代化的平台,与此同时,也为农户提供了一个现代化的交易平台,改变了以往传统销售模式中存在的弊端,减少了交易成本的不对称。

2. 培养农产品网络营销人才

农产品的网络营销模式是时代的产物,因此需要人们树立良好的发展眼光,保持与时俱进,不断地提升自我的知识,完善知识结构,熟悉掌握计算机的操作规范,树立良好的上网习惯,掌握相关的营销知识。首先,定期地对农户展开知识体系培训,通过计算机知识的普及,能够让农户进一步加强对计算机操作的了解,同时也丰富自身的网络营销知识。开展电子商务教育能够有效地培养大批商务人才。

综上所述,针对前面提出的农产品流通中出现的主要问题,我们在理论与实证上论述网络营销是促进农产品流通新的营销方式。大力开展农产品的网络营销,能有效避免传统农产品营销渠道的诸多缺陷,有效解决农产品销售中时间和空间上的矛盾,充分发挥营销渠道的地点和时间效用,降低农产品的流通成本,克服农产品易腐性、储藏周期短、损耗大等自身特点所引起的流通问题。这对扩大农产品营销的规模、有效拓展农产品流通半径,提高农产品的市场竞争力都有重要的意义。

任务四 网络销售及农产品销售案例与分析

一、网络销售案例

(一)欧莱雅网络营销成功案例

1. 营销背景

随着中国男士使用护肤品习惯的转变,男士美容市场的需求逐渐上升,整个中国男士护肤品市场也逐渐走向成熟,近两年的发展速度更是迅速,越来越多的中国年轻男士护肤已从基本清洁开始发展为护理。美容的成熟消费意识也逐渐开始形成。

2012 年欧莱雅中国市场分析显示,男性消费者初次使用护肤品和个人护理品的年龄已经降到 22 岁,男士护肤品消费群区间已经获得较大扩张。虽然消费年龄层正在扩大,即使是在经济发达的北京、上海、杭州、深圳等一线城市,男士护理用品销售额也只占整个化妆品市场的 10% 左右,全国的平均占比则远远低于这一水平。作为中国男士护肤品牌,欧莱雅对男士护肤品市场的上升空间充满信心,期望进一步扩大在中国年轻男士群体的市场份额,巩固在中国男妆市场的地位。

2. 营销目标

(1)推出新品巴黎欧莱雅男士极速激活型肤露,即欧莱雅男士 BB 霜,品牌主希望迅速占领中国男士 BB 霜市场,树立该领域的品牌地位,并希望打造成为中国年轻男性心目中人气最高的 BB 霜产品。

(2)欧莱雅男士 BB 霜目标客户定位于 18 岁到 25 岁的人群,他们是一群热爱分享,热衷于社交媒体,并已有一定护肤习惯的男士群体。

3. 执行方式

面对其他男妆品牌主要针对"功能性"诉求的网络传播,麦肯旗下的数字营销公司 MRM 携手欧莱雅男士将关注点放在中国年轻男性的情感需求上,了解到年轻男士的心态在于一个"先"字,他们想要领先一步,先同龄人一步。因此,设立了"我是先型者"的创意理念。

为了打造该产品的网络知名度,欧莱雅男士针对目标人群,同时开设了名为"@型男成长营"的微博和微信账号,开展了一轮单纯依靠社交网络和在线电子零售平台的网络营销活动。

(1)在新浪微博上引发了针对男生使用 BB 霜的接受度的讨论,发现男生以及女生对于男生使用 BB 霜的接受度都大大高于人们的想象,为传播活动率先奠定了舆论基础。

(2)有了代言人阮经天的加入,发表属于他的"先型者"宣言:"我负责有型俊朗,黑管 BB 负责击退油光、毛孔、痘印,我是先型者阮经天。"号召广大网民,通过微博申请试用活动,发表属于自己的"先型者"宣言。微博营销产生了巨大的参与效应,更将微博参与者转化为品牌的主动传播者。

(3)在京东商城建立了欧莱雅男士 BB 霜首发专页,开展"占尽先机,万人先型"的首发抢购活动,设立了欧莱雅男士微博部长,为关于 BB 霜使用者提供一对一的专属定制服务。另外,特别开通的微信专属平台,每天即时将从新品上市到使用教程、前后对比等信息通过微信推送给关注巴黎欧莱雅男士微信公众号的每一位用户。

4. 营销效果

该活动通过网络营销引发了在线热潮,2 个月内,在没有任何传统电视广告投放的情况下,该活动覆盖人群达到 3500 万,共 307 107 位用户参与互动。仅来自新浪微博的统计,微博阅读量即达到 560 万。在整个微博试用活动中,一周内即有超过 69 136 名男性用户申请了试用,在线的预估销售库存在一周内即被销售一空。

(二)凡客诚品网络营销成功案例

1. 网络病毒式营销

互联网是消费者学习的最重要的渠道,在新品牌和新产品方面,互联网的重要性第一次排在电视广告前面。凡客诚品采用广告联盟的方式,将广告遍布大大小小的网站,因为采用试用的策略,广告的点击率也是比较高的,类似于网络病毒的传播。因为采用了大面积的网络营销,其综合营销成本也相对降低,并且营销效果和规模要远胜于传统媒体。

2. 体验营销

一次良好的品牌体验(或一次糟糕的品牌体验)比正面或负面的品牌形象要强有力得多。凡客诚品采用"VANCL 试用啦啦队",免费获新品 BRA——魅力 BRA 试穿写体验活动的策略,用户只需要填写真实信息和邮寄地址,就可以拿到试用装。要求消费者试用过凡客诚品的产品后对此评价,并且和其他潜在消费者交流,一般情况交流都是正面的(试用装很差估计牌子就砸掉了)。

3. 口碑营销

消费者对潜在消费者的推荐或建议,往往能够促成潜在消费者的购买决策。铺天盖地的广告攻势,媒体逐渐有失公正的公关,已经让消费者对传统媒体广告信任度下降,口碑传播往往成为消费最有力的营销策略。

4. 会员制体系

类似于贝塔斯曼书友会的模式,订购凡客诚品商品的同时自动就成为凡客诚品会员,无须缴纳任何入会费与年会费。凡客诚品会员还可获赠 DM 杂志,DM 杂志成为凡客诚品与会员之间传递信息、双向沟通的纽带。采用会员制大大提高了凡客诚品消费者的归属感,拉近了凡客诚品与消费者之间的距离。从以上的分析可以看出,互联网对凡客诚品最大的促进作用有三个方面:

(1)降低了营销成本。

(2)大幅度提高了品牌占有市场的速度。

(3)通过互联网在潜在消费者中树立了有效的口碑。

(三)ALS 冰桶挑战

ALS 冰桶挑战可以说是 2014 年夏天的大赢家,它由国外传入,并经国内最大的社交平台微博不断发酵。率先接受挑战的是科技界的雷军、李彦宏等。而后,娱乐圈的艺人也纷纷加入活动,使冰桶挑战的热度持续升温。围观群众表示虽然自己被点到名的可能性非常小,但看着平日里高高在上的名人们发如此亲民又好玩的视频实乃一大乐趣。

ALS 中文全称是"肌肉萎缩性侧索硬化症",患有此病的波士顿学院的著名棒球运动员 Pete Frates 希望更多人能够关注到这一疾病,于是发起冰桶挑战。活动规则如下:被点名的人要么在 24 小时内完成冰桶挑战,并将相应视频传上社交网站,要么为对抗 ALS 捐出 100 美元。因挑战的规则比较简单,活动得到了病毒般的传播,并在短短一个月内集得了 2.57 亿美元的捐款。

ALS 冰桶挑战是一次公益与营销十分有效的结合,可能 Pete Frates 在发起这项活动时都没有料想到会有如此疯狂的传播,这也算是无心插柳柳成荫。不少品牌也纷纷依靠此活动借势营销,较有名的就是三星向苹果发起了冰桶挑战。

二、农产品网络营销案例

案例一　农村合作社与电商平台合作

新型农村合作经济组织是在坚持家庭经营制度的基础上开展的,不变更农户财产所有权是弱势群体联合自助组织和民主约定联合经营组织。《2011 中国合作经济发展年度报告》显示,截至 2011 年年底,全国经工商注册登记的农民专业合作社有 52.17 万家,实有入社农户 4100 万户,占全国农户总数的 16.4%。预计 2015 年年末合作社达 92.6 万家,入社农户 1.08 亿户,占比 45% 以上。合作社组织农户进入市场,形成聚合市场规模经济,增强集体竞争力,节省交易费用,提高经济效益的良好局面。

江西省农村合作经济组织在政府和国家政策的引导下,规模不断壮大,产业呈现多元化。以南昌市为例,截至 2013 年 7 月,南昌市共计注册登记农民专业合作社 2830 户,成员 40312 人,金额 24 万元。按行业划分,1018 661 元出资额中,与农业生产经营有关的技术、信息等服务 57 户,占总数的 2%;种植业 1019 户,占总数的 36%;养殖 1854 户,占总数的 65%;其他行业 54 户,占总数的 1.9%。

同时,农民专业合作社区域分布产业化。大多数农民专业合作社围绕当地已形成的主导产业和特色产品开展专业性生产经营活动。这种区域产业化十分有利于促进"一村一品""一乡一业"的发展;有利于农业区域布局优化调整和特色优势产业的发展。例如,新建区绿源井岗油茶专业合作社有社员 121 户,专业合作社承包土地 3000 余亩,建有办公楼 200 余平方米,办公设施设备齐全,各项管理制度健全,年产茶籽 3000 吨,销售绿色茶籽油 3000 吨,茶油产品有自己的品牌,打入了上海、北京等外地市场。因为茶籽质地好,所以茶油深受百姓喜爱,市场占有率稳步攀升。

在网络经济不断发展的今天,农村合作社与电商平台开展合作能够形成双赢局面。农村合作社直接对接终端市场,并获得数据反馈,在电子商务平台上销售产品、享受代运营、批发、培训等服务。例如,淘宝特色中国以"抢鲜购"为代表的"预售+订单农业"的预定销售模式,确定了"以销定产""基地直供""体验营销"等方向。这种模式可以大大降低农民盲目种植风险,通过缩短中间环节,既能提高农村合作社经济效益,又能让顾客买到新鲜价廉的农产品,形成良性循环。

淘宝网上还有一群"80 后""90 后",他们是接受过高等教育,熟悉电子商务,回乡创业的新一代农民。他们在淘宝上开店,把家乡的特产卖到全国各地,完全颠覆了我们脑中的农民形象。特色中国·江西馆有一家名叫"90 后农民工创业"的淘宝店,是一个"90 后"江西广昌小伙子开的店,卖的主打产品是自家手工制作的藕粉。2014 年 2 月 15 日,他的店在特色中国·江西馆开张。一进店铺,就能听到带有潺潺的流水、清脆的鸟叫声音的背景音乐,带给人大自然的清新感受,很好地诠释了纯天然、原生态的主题。店铺抬头是一幅展开的国画,上书"养生之道"。契合藕粉健脾开胃、益血生肌的保健功效。产品图片上宣传"我卖的不是粉干,是淡淡的乡愁",立马抓住顾客对故土的眷恋,是很好的情感营销。广昌纯天然特级无糖农家纯手工纯藕粉 500 克装,8 月成交 851 笔,单价 25.8 元,月成交金额 21 955.8 元,除去成本,利润可观,值得借鉴。

商务部、供销总社等 17 部门印发的《关于加强县域商业体系建设促进农村消费的意见》提出，扩大农村电商覆盖面。实施"数商兴农"，发展农村电商新基建。创新农产品电商销售机制和模式，提高农产品电商销售比例。深入推进"互联网＋"农产品出村进城工程，建立健全适应农产品网络销售的供应链体系、运营服务体系和支撑保障体系。培育快递服务现代农业项目。加强部门协同、资源整合，鼓励农村电商服务站点、益农信息社、村邮站、供销社等多站合一、服务共享。指明了今后的发展方向。

案例二　将"褚橙"成功打造为"励志橙"

又到一年"橙"熟时。一枚精心包装的冰糖橙和一位洞悉商业智慧的营销天才，巧妙地描述了一个切合时代脉搏的励志故事。85 岁老人在跌倒之后选择二次创业并最终取得成功。这个故事的背后，是农产品营销的一种创新。

讲故事，可以让购买者感受到品牌的温度。人生总有起落，精神终可传承。这里需要感谢的是褚老，如果没有褚老用生命种橙子的精神，所有的一切"美丽的误会"都是空的。用最接地气的营销技巧，是一条可行之路。

生鲜电商"本来生活"成功将"褚橙"打造成了"励志橙"，获得了商业上的巨大成功。如今的"褚橙"，其声名已远远盖过它的本名"云冠橙"。

曾经的"烟王"褚时健 75 岁二度创业，承包 2000 亩荒山创业，85 岁时他的果园年产橙子 8000 吨。一杭州水果业内人士曾向媒体透露，2008 年以前，这个品种的冰糖橙在云南的收购价只是几毛钱一斤，在杭州地区的售价约 2.5 元一斤，销量很平淡。随着王石、潘石屹等知名人士在微博上的力捧，"褚橙"的传奇故事引爆公众话题，并被誉为"励志橙"。目前，"褚橙"的市场售价为 108～138 元/箱(10 斤)，而且不愁销路。

案例三　金龙鱼调和食用油"1：1：1"

金龙鱼调和食用油"1：1：1"的概念首先在消费者的认知中留下一个清晰深刻的记忆符号，同时又有进一步了解的营养配比说明，以及"调和"的创新制作方法，构建了一个从认知记忆到说服的有理有据、极具可信性的价值，获得了消费者的认可。

三、原生态战略

随着经济的发展和生活水平的提高,人们饮食健康意识越发明显。消费者对自然、健康、绿色产品的需求正成为一种趋势。因此,自然、绿色便成为农产品深加工企业塑造自己品牌的有力支撑点。2006 年年底,北京一家公司迎来几位来自甘肃的朋友,他们千里迢迢带来了几个十几斤重的籽瓜,还有几箱色泽金黄的饮料——籽瓜汁。他们利用当地得天独厚的农业资源优势,独辟蹊径,经过多年技术攻关,解决了国内外同行业头疼的"瓜好吃,瓜类饮品难做"的国际性难题,率先于 2003 年 6 月推出了籽瓜汁饮品,并申报了 3 项发明专利,填补了饮料界高档瓜汁类饮料的空白。

为提炼品牌名称,这家北京公司综合品牌策略、产品特质和客户意见,最终定为"东方瓜园",寓意绿色、健康、美味,富于感染力和食欲感。为了提升产品的价值感,该公司还把原来的产品名称"籽瓜汁"改为"籽瓜露",一个"露"字,传递出自然、原生的信息,立即提升了产品的价值感。然后该公司将"东方瓜园"品牌定位为"现代人的时尚健康饮品",并把其品牌核心价值定位为原生态。

原生态这个词是从自然科学上借鉴而来的。生态是生物和环境之间相互影响的一种生存发展状态,原生态是一切在自然状况下生存下来的、未经过异化的东西,即回到事物本源看事物。现代文明的发展,不但没有使原生态贬值,相反日益成为消费者追捧的时尚。原生态旅游、原生态食品、原生态建筑、原生态文学、原生态教育等等,方兴未艾。东方瓜园籽瓜露的原生态就包含这样的信息。籽瓜是西瓜的母本,未经异化的原生品种;籽瓜露源于中国最正宗、质量最好的籽瓜产地,纯正自然,返璞归真,品味原生。总之,原生态就是"自然、原生、健康"。产品推出后,大受欢迎,还作为甘肃特色产品的经典代表,被 2007 年新亚欧大陆桥区域经济合作国际研讨会确定为指定产品。

四、文化突围

农产品透着"土气",农产品深加工企业往往缺乏品牌资源整合能力,对农产品深加工产品的文化价值缺乏挖掘,不能用文化来提升品牌价值。其实,我国悠久深厚的农业文明,赋予了许多农产品深加工产品浓厚的文化底蕴,只要善于挖掘利用,便能策划出差异化十足的品牌和产品,增加品牌附加值。

2010年6月,百年智业公司迎来了几位来自墨子故乡——山东滕州的客户,他们开发出了美味健康的板栗粥产品。为了进一步提升品牌价值,扩大市场,他们最终找到了北京百年智业。

栗子,与桃、李、杏、枣一样,为我国五大名果之一,也是一种文化韵味很浓的食品。栗子粥在民间历史悠久,也是受世人追捧的营养食品,有句俗话叫腰酸腿软缺肾气,栗子香粥赛补剂。百年智业紧紧抓住板栗粥美味、健康的核心利益点,并尽量挖掘板栗的文化底蕴,用文化诠释品牌和产品的价值,寻求文化和情感的认同,为板栗粥产品提炼出了副品牌名称——"板栗世家"。"世家"出于司马迁的《史记》,本是《史记》中一个重要组成部分。被编入《世家》的,除儒学宗师孔子和农民起义领袖陈涉之外,其余全部是皇胄或福勋之臣,譬如《鲁周公世家》《留侯世家》等等。其后,"世家"被指名门望族。另外,"世家"还指技艺高超、受人尊敬、世代相传的家族,譬如"中医世家""国画世家""书香世家"。"世家"意味着积淀,意味着文化,意味着技艺,意味着诚信,意味着价值。"板栗世家"的品牌名称说明了秉承传统工艺、结合现代技术的先进板栗粥制作技艺,饱含了板栗粥深厚的文化底蕴和独特的养生文化,诠释了"中国板栗粥第一品牌"的品牌定位。

◇ 课题五　农产品网络营销的实施策略

针对我国现阶段农产品网络营销的现状与环境因素的影响,分别从加强网络营销的法律建设、加强政府引导、改变传统的营销观念、加强农产品网络营销的人才培养、加强农村信息化建设、改善农产品的物流渠道、实施农产品的品牌战略等几方面对农产品的网络营销进行了论述,并为这些方面的建设提供了一些具体的策略与方法。

任务一　加强网络营销的法律建设

我国网络营销法律强调,加强网络法治建设,加快形成法律规范、行政监管、行业自律、技术保障、公众监督、社会教育相结合的互联网管理体系。为此,我们应着重抓好以下四方面工作:

第一,积极推进网络法治建设。这些年来,我国制定颁布了一系列互联网法律法规和部门规章,确立了我国网络管理的基础性制度,在实践中发挥了重要作用。但我国现有互联网法律法规还不完善,与网络管理执法工作实际需要不相适应,迫切需要健全互联网法规体系,实行依法管网、依法办网、依法上网。要加快立法进程,区分轻重缓急,抓紧制定完善最急需最迫切的法律法规,加强对现有法律法规适用网络管理的延伸和司法解释工作。同时,加大执法力度,壮大执法队伍,健全执法体系,落实执法责任,真正做到有法必依、执法必严、违法必究。

第二,突出抓好重点环节管理。网络文化管理头绪多任务重,必须突出重点、抓住要害。要加强网站登记备案、接入服务等基础资源管理,严格规范域名和 IP 地址管理,确保网站登记备案信息真实、准确、完整。坚持对涉及公共利益的网络文化服务实行行政许可制度,完善网络文化服务市场准入和退出机制。严格规范网络文化信息传播秩序,高度重视对社交网络和即时通信工具等网络新应用的规范引导,坚持积极利用和加强管理并重,切实做到趋利避害、可管可控。深入推进整治网络淫秽色情和低俗信息专项行动,坚决切断违法有害信息传播利益链,依法严厉惩处传播淫秽色情信息的不法分子,净化青少年成长的网络环境。把加强日常监管和提供服务保障结合起来,不断创新管理方法,加强网站从业人员培训,落实重点岗位持证上岗制度,完善网站绩效考核评价体系,不断提高网络文化服务整体水平。

第三,切实维护网络安全。互联网已经成为国家重要的基础设施,切实维护网络安全是保障国家信息安全、促进文化繁荣发展、维护社会和谐稳定的根本要求。当前,我国网络安全面临严峻挑战,特别是黑客攻击,已经成为网络安全的严重威胁。事实表明,维护网络安全是世界各国的共同责任。要广泛开展网络安全教育,提高公众网络安全意识,增强自我防护能力。推动网站完善信息制作发布流程,建立有害信息预警、发现、处置机制,发挥技术手段防范作用,确保网上信息真实准确、安全有序传播。加大网上个人信息保护力度,建立网络安全评估机制,维护公共利益和国家信息安全。加大网络安全技术攻关力度,加快互联网核心装备技术国产化,构建新一代网络文化平台。加强网络安全国际合作,建立多层次、多渠道合作机制,形成各国共同参与、普遍受益的网络安全体系。

第四,构建网络文化管理新格局。加强互联网管理,必须依靠政府、业界、公众三方共同努力。网上信息内容管理、互联网行业管理、打击网络违法犯罪等部门要认真履行职责,落实好分级管理、属地管理责任,做到谁主管谁负责,形成工作合力。发挥互联网行业组织作用,推动互联网业界加强行业自律,督促网络运营服务企业履行法律义务和社会责任,不为有害信息提供传播渠道,切实增强企业的公信力。紧紧依靠人民群众的力量,规范网络文化发展,强化舆论监督、群众监督、社会监督,互联网举报机构要及时受理公众举报,落实举报奖励制度,定期向社会公布举报受理和查处情况。广泛开展文明网站创建,深入开展网络法制道德教育,着力培育网上理性声音、健康声音、建设性声音,构建文明理性、和谐有序的网络环境,以网络文化的健康繁荣推动社会主义文化大发展、大繁荣。

　　针对当前网络营销中出现的信用问题、支付安全问题、税收问题、物流保障问题等纠纷,政府应加强网络营销的立法工作,确保当出现网上纠纷时,能做到有法可依,这是推广农产品网络营销的首要任务。

任务二　加强农产品网络营销人才培养

一、制约农产品网络营销实施的客观因素

　　农产品进行网络营销在广大农村是一件新鲜事,传统营销观念一定程度上阻碍了农产品网络营销的推广。农产品网络营销要被广大的农产品生产者和经销者完全接受与熟练使用尚需一定的过程,而抓紧农产品网络营销的人才培养是其中重要的环节。

　　从农民角度来看,文化程度低限制了农产品网络营销的运用。要从事农产品的网络营销,必须掌握最基本的网络通信技术、计算机应用技术和一定的商务知识,而农民由于文化程度低,因而不具备这方面的知识积累。

　　从利益角度来看,目前我国农产品经销者(包含农产品的生产者)更多地考虑短期利益和自身利益。开展农产品的网络营销活动,需要一定的资金、技术和人才投入,因此在农产品进行网络营销的初级阶段可能是低利润甚至是亏损的经营,短期利益不佳,会使一部分农产品经营者望而却步。

　　从农产品的生产与加工企业的管理层来看,大多数企业领导对网络营销的重要性没有认识到,甚至不能正确理解什么是网络营销,仅仅认为网络营销就是网上销售等,有的管理者在了解到某些网络商店亏损累累的现象后,便放弃了开展农产品网络营销。

　　从消费者来看,不成熟的市场经济中出现的某些弊端,使人们对新的东西总是过分理智化或带有一种不信任感。同时,中国人的虚拟时空观念尚没有充分树立,人们宁可多花钱、多跑路、多费时间,也要“眼见为实”,这种心态制约了网络营销活动的发展。

二、农产品网络营销对人才素质的要求

(一)农产品网络营销人员应具备的基本能力

　　网络营销是指以互联网为基础,使用新的营销理念和营销方式来促进买

卖双方的交易活动的实现。网络营销不仅仅是指在网上销售农产品,更为重要的是利用网络来搜索和发布农产品的相关购销信息,宣传农产品相关企业的形象,推广农产品的品牌等。农产品网络营销人员应具备的最基本能力为以下几点:

(1)熟练掌握基本计算机应用知识。网络营销离不开利用计算机的应用技术对互联网上的农产品相关信息进行收集、分析、处理、存储、传输、发布等操作,能熟练运用网络信息交流工具,如论坛、博客、专栏文章、邮件列表等,并能处理计算机最基本的通信故障。

(2)充分利用网络资源。互联网上有各种各样的资源,如搜索引擎、网络营销工具、电子刊物、供求信息平台、调查咨询公司、专业媒体网站等。要学会根据营销信息的传播方式,利用各种网络资源为营销成功搭建平台。

(3)灵活的商务技巧能力。网络营销的从业人员要能灵活运用专业社区、专业论坛、BBS、E-mail、邮件列表等网络交流工具的方便性、及时性、经济性、全天候、整合性等特点,加强与客户进行商务信息的交流,并加强与客户的情感沟通,消除顾客在买前的疑虑,及时解决顾客在买后出现的问题,这对培养顾客的忠诚度、不断扩大客户群、拓展市场都有重大意义。

(二)专业农产品网络营销人员应具备的能力

前面几种能力仅仅是农产品经营者进行网络营销应具备的最基本的能力,作为一名普通的以从事农业生产为主、销售为辅的农民来说,借助电信与信息务业经营许可证(ICP)或政府部门提供的农产品专业网站从事农产品的网络营销已经完全够用了,但如果作为一个专业的从事农产品网络营销平台开发的技术人员,则还要具备以下几个能力:

(1)农产品营销网站的建设与维护能力。农产品的网络营销专业人员须掌握基本的电子商务网络技术,熟练运用 Dreamweaver、Flash、Fireworks 等各种网页制作工具,并能利用 SQL 等数据库技术建设交互式农产品网络营销网站。

(2)文字表达能力。文字表达能力是撰写广告策划、营销策划的基本功。目前互联网上传播的主要是文字信息,70% 以上的网页都是文字。在建设农产品营销网站时,需要准备大量适合农产品购买者特点的资料,要让网站内容适合搜索引擎检索,所有的内容都需要精心写作。

（3）思考总结能力。网络营销工作绝非简单的销售。比如，网站访问量统计分析是网络营销管理的基础工作之一，一个专业的农产品网络营销人员，如果只能从统计数据中看出网站有多少人访问，访问者来自哪里，购买的产品数量和构成等信息是远远不够的。要对基本数据进一步分析，归纳总结出深层次的问题，这才是专业网络营销人员应该具备的素质。只有具备了思考总结的能力，才有可能通过对实践问题的分析总结，发现农产品网络营销的一般规律，更好地指导实践。

三、农产品网络营销人才的培养方法

通过多途径提高经营者文化素质，多举措培育网络营销人才，促进农产品网络营销的发展。

（一）推广农产品网络营销的观念

通过宣传教育，改变农产品经营者的传统营销观念，了解并接受农产品的网络营销的新观点。通过宣传与教育网络营销的知识，使农产品经营者了解当前网络信息经济发展的现状，认识网络营销与传统营销方式相比的优势，克服农民的小农意识的狭隘性、保守性、封闭性，增强大市场的观念，掌握在网络信息经济时代下的市场经济运行法则，激发农民掌握信息时代下的网络技术、通信技术和商务技术等相关的基本知识。由于多数农民缺乏学习运用科技知识的自觉性和主动性，更没有科技投入的动力，只有通过宣传教育、政策导向和典型示范，增强农民利用网络营销这种新技术来促进农产品销售的观念和意识，达到科技致富的目的。

（二）发展农村职业技术教育

提高农民网络技术、计算机技术和商务技术的应用能力，培养大量从事农产品网络营销的技术人才。

首先，加大农村职业教育投资力度，建立多元化投资体系。充分利用市场经济规则，逐步建立政府投入为主导，社会、相关企业以及农民共同参与的多元化投入机制，建立多种农村职业教育的方式，如农业类职业技术学校（院）、农村各种技术培训班、农民夜校等，为农民进行相关技术培训和学习提供多种渠道。

其次,建立多层次的、完善的农村职业教育体系。农村职业教育的对象非常广泛,对于现有的从事农产品的生产者和经营者,开展各种知识的培训班,对于在校就读且立志返乡服务的学生,则通过专业的职业技术教育,培训具有中等技术以上的专业技术人才。无论采取哪种教育方式,不仅要对他们讲授农业的生产技术,也要讲授现代信息技术和商务技术知识,尤其是在改变那种重农业生产技术教育,轻农业经营管理知识教育的不合理局面,全面提高农村从业人员的科技素质水平,为将来从事农产品的网络营销打下理论知识基础。

最后,加强农村教育师资队伍建设。高素质的农村教育师资队伍是保障农村职业教育发展的前提。政府可以制定相应的优惠措施加强农村师资队伍的建设,改变当前农村职业教育中教师结构不合理的情况,如农业生产技术教育的教师多,而讲授经营管理的教师非常少。当然也可以从相关的高等学府聘请既有深厚理论知识,又有丰富实践经验的专业技术人员做教师,增强农村职业教育的师资水平。

(三)制定多种激励政策,促进知识青年返乡服务

网络营销是电子商务活动的重要组成部分,具有经济性、方便性、整合性、高科技性等特点。因此,实施农产品的网络营销必须要有一批较高综合素质的从业人员,但通过调查数据统计分析,现在农村 18～35 岁年轻人大部分都外出到沿海地区打工或进城务工,越贫穷的内陆地区这种现象就越明显,并且受到中等教育以上的农村人口中也主要集中在这一年龄阶层,要大力推广农产品的网络营销就离不开他们的参与。因为他们受到过较高的教育,容易接受新观念、新事物,乐意学习新技术,更渴求寻找一条新的致富之路。农业的主管部门对这部分人群应多提供网络营销技术培训的机会,对于真正从事农产品网络营销的人员提供一定的物质支持,如农村网络建设,为农户优惠提供计算机设备等,建立本地农产品信息网站,方便广大农民在网站上收集和发布农产品的信息,有条件的地区甚至可以建设农产品的交易平台,直接促进农产品的网上交易。随着农产品的网络营销的进一步推广,农民收入水平的提高,必将有越来越多外出务工的农村知识青年返乡,这对提高从事农产品生产者与经营者的知识文化水平都有重要的意义,更有利于促进本地区农产品网络营销的开展,有利于社会主义新农村的建设。

（四）建立农产品营销的合作组织，统一实施本地区农产品的营销

为了解决当前农产品营销人员不足的问题，在农村以一定的生产区域或某种农产品来组织专门从事营销的合作组织，在合作组织中设置包含网络营销的专业人员，统一实施本地区的农产品信息网站的建设与维护、农产品生产与销售信息的网上宣传、网上销售等，这样既可解决网络营销人才的短缺，也可大大提高农产品网络营销的效率。

任务三　加强农产品网络营销物流渠道建设

《中共中央 国务院关于全面推进乡村振兴 加快农业农村现代化的意见》要求，推进公益性农产品市场和农产品流通骨干网络建设。完善农村生活性服务业支持政策，发展线上线下相结合的服务网点，推动便利化、精细化、品质化发展。加快完善县、乡、村三级农村物流体系，改造提升农村寄递物流基础设施，深入推进电子商务进农村和农产品出村进城，推动城乡生产与消费有效对接。加快实施农产品仓储保鲜冷链物流设施建设工程，推进田头小型仓储保鲜冷链设施、产地低温直销配送中心、国家骨干冷链物流基地建设。

物流是农产品网络营销实现的有力保障。在网络环境下，农产品的消费者通过网上浏览商品、询问信息、进行交易条件的谈判等，这样只是达成了商品的交易意向，还必须得通过农产品的物流，将商品真正地转移到消费者手中，商务活动才告终结。在这整个交易过程中，物流是直接服务于最终顾客的，物流服务水平的高低决定了顾客的满意程度，同时也决定了农产品的网络营销是否成功实现。因此，建立一个适合农产品特点的物流体系，是促进农产品网络营销发展的必经之路，农产品物流及其保障平台的建设可以从以下几个方面展开。

一、以现代市场营销观念指导农产品物流体系建设

从物流现状来看，农产品质量安全和标准体系建设是目前制约农产品物流的关键因素，为了加速我国农产品物流保障平台的建设，必须强化两个理念：一是要强化农产品质量安全的理念；二是要强化农产品标准化的理念。

建设农产品物流体系中实行四个"结合"：一是农产品物流与市场结构研

究相结合;二是农产品物流与当前农业生产方式的创新相结合;三是农产品物流与当前大背景下的新情况相结合;四是农产品物流要与信息流有机结合。

在生产中注重了农产品的质量安全才有市场,农产品标准化才能适应网络营销产品的特征,做到四个"结合"才能保证农产品的物流适应当前信息社会的发展趋势,保障农产品的网络营销、信用交易、委托交易、电话交易等多种现代营销方式的顺利开展。

二、加强农产品物流硬件体系建设

农产品物流硬件设备的落后是制约我国农产品网络营销的因素之一,建立农产品的硬件体系可以从以下几个方面进行:

首先,加快农产品物流基础设施的建设,包括乡村公路、农产品运输设施、低温物流运输设施的建设、产地预冷设施、贮藏设施和市场流通冷藏设施的建设,保障实现农产品物流具有良好的载体,逐步实现农产品物流作业的机械化、自动化和计算机化。

其次,优化整合资源,建立高水平的农产品物流中心。结合各地农产品的生产、流通、销售及贸易情况,在重点地域或地区建立综合型或专业型物流中心。随着农产品网络营销的发展,网上交易的数量越来越大,通过这种专业型的物流中心,可快速方便地实现农产品的归集,解决农产品生产规模小、离散性大的问题,并迅速利用专业运输工具把农产品送到网络消费者手中。

再次,建立与市场接轨的农产品质量分级、清洗、消毒、包装及农产品的保鲜材料等配套硬件设施。

最后,大力发展农产品加工业。农产品的标准化水平低、易腐性等自然属性使其不利于网络营销的开展,但可以通过发展相关农产品的加工企业,通过对农产品的再加工,改变农产品不利于网络营销的属性,使其适合在网上销售。

三、强化农产品物流软件体系建设

如果说我国农产品物流方面硬件设施比较薄弱,那么软件建设上则更加薄弱。强化物流软件体系的建设应抓好以下工作:

一是构建基于农产品网络营销的物流信息支撑平台。计算机和网络技术的发展为物流带来了全新的运作和管理模式,推动了物流技术的进步和物流管理水平的提高。因此,需要建立基于农产品网络营销的物流信息支撑平台,以促进农产品物流的自动化、网络化、国际化、职能化和现代化的发展。

二是加强农产品的物流标准化建设工作,与农产品的大流通大市场规范相适应。标准化是制约农产品的网络营销的主要因素之一,农产品的分类、分级、分等全凭人工感觉,误差过大,产品包装从材料到包装管理都没有统一标准,这样给农产品的储存、运输、加工和销售造成了一定困难。

三是为农业物流的发展配备良好的人才资源环境。现代物流系统需要高素质的人才队伍,应注意吸纳和培养一批专业的农产品物流管理和技术人才。

四、加强农村信息化建设

在我国,信息化程度最低的是农业,制约了农民的脱贫致富奔小康和社会主义新农村建设。近些年农产品销售不畅,农民收入增长缓慢,原因是多方面的,但关键在于信息不灵。当前农业生产结构不合理的矛盾十分突出,调整势在必行。由于缺乏农产品的市场信息,严重地影响了农村经济的发展。信息不畅,农民首先不知道生产什么经济效益最佳,不知道生产出来的农产品以什么价格、什么时间、在什么地区、销售给谁才能使生产投入转化为经济收入,即"卖难"问题。由于信息不灵,重复建设严重,你搞什么我也搞什么,结果是一哄而起,谁抓着龙头谁赚钱,谁接最后一棒谁亏本,由此导致大量的资源闲置,没有很好地发挥作用。

市场经济靠准确的信息来维持正常的运转。农产品的生产、深加工、销售等都离不开信息的支持。网络营销是传递农产品市场信息的有效手段。实施农产品的网络营销离不开农业网站,而农村信息化是网站建设的基础和前提。

农村信息化是实施农产品网络营销的基础,是解决农村小生产与大市场的矛盾、农业生产组织化程度低、农产品卖难问题的有效手段。既是实现农业现代化的重要一环,也是加快我国现代化进程的一个新机遇,更是解决"三农"问题的必要途径之一。为此需要建立一个权威的农业信息服务体系,实施农产品的网络营销,为农民提供可靠、便捷的信息服务,是解决农产品"卖难"问题、实现农民增收、农业增效的有效途径。

加强农村信息化建设可以采取以下几项措施:

（一）政府发挥在农村信息化建设中的作用

首先，在农村信息化建设中，政府要实行宏观指导，统筹规划。政府要专门设立农村信息化工作部门，召集相关专家、管理人员共同组成"农村信息化工作领导小组"，全面调查，认真论证，制定科学的规划，要将农村信息化的建设作为我国一项重要建设项目建设，加强农村信息化工作的领导，督促各级地方政府要配合搞好农村信息化建设，并提供必要的帮助。

其次，各级政府要加强各等级的农业网站建设，力求在数量与质量上上档次，更重要的是讲求网站实用性，为农民和农业生产提供切实可行的帮助。要发挥统计部门拥有的信息优势，大力组织和开发农业信息资源。

（二）加大投入农村信息基础设施建设

我国当前农村的网络基础设施还比较落后，中西部经济欠发达的农村尤其如此。某些贫困的山村仅有一条简易公路与外界相通，更不论网络信息高速公路的建设，对于这些地区的信息化建设可分步进行：

第一步，送电。当地政府可以利用山区的地理优势建设小水电工程，解决本地基本生活用电问题，或者加大国家电网送电范围，解决山区用电问题。

第二步，通电话。在解决了用电的基础上由电信部门建设通信网络，实现山村与外界的电话通信。

第三步，建设信息高速公路。通过捐赠、政府补贴、自购等方式增添网络终端设备，如电脑、交换机等，利用电话网络采用 PSTN、ISDN、ADSL 等技术实现上网，最终达到网络资源共享。

早在 2005 年，湖南桃源县政府就利用支农资金给每一个行政村都配备了一台方正电脑（CPUP4/512MDDR/80G）硬盘与网络接口设备，并对设备管理人员进行了专门的技术培训，由专人管理，并规定每隔一段时间对互联网上提供的农业相关信息进行宣传，如农业生产技术信息、农产品供应与销售信息、生产资料信息等，这一措施不仅实现了村村上网，并且极大地促进了农产品网络营销的发展，该县盘塘镇张家村通过常德市农经网等相关网站发布西瓜销售信息，通过网络当年达成交易额近 20 000 元。

（三）加强农业信息网站建设

农业网站是农业科技信息化、科教兴农的重要手段；是开展农产品网络营销的平台。

首先,应利用多种技术和系统开发工具作平台,面向农村、农民,面向各级领导和农业科技人员,因地制宜地建立各种各样的有关农作物生产、销售的专家系统和农村经济决策支持系统,并把农业专家系统配置到市、乡、村,直接面向农民和农技人员以及广大的科技示范户、种养户,引导他们对该系统的认识和应用,实现农业生产与销售的自动化、智能化。

其次,应在网上开展农业信箱、专家咨询、BBS 论坛,通过手机短信等方式发送农业信息,根据用户的定制需求而制作信息套餐等增值服务。如浙江省农业信息中心建立的农民信箱系统,按从事专业、行业、主营品种、职级、职称等列为 13 大类和 280 个小类,用户注册时确定相对应的类别,形成分类群发信息的用户群数据库。系统由权威部门发布公共信息,并根据权限和不同用户的需求分类提供针对性信息。系统启用后不到一年时间,实名制用户数就突破 100 万。截至目前,注册用户数已达 120 万。省、市、县、乡农民信箱联络站全部建立,行政村联络点也陆续建立。自农民信箱建立以来,累计发送个人信件 5800 万封,群发信件 5600 万封,发布公共信息 4 万条,发送短信 8600 万条、农产品买卖信息 12 万条(浙江省农业厅信息中心公布)。在个人通信、公共信息、农产品买卖信息和农业信息资源集成等应用方面取得快速进展,获得了良好的经济效益和社会效益。

最后,农业网站应根据自己的专业优势,建立规模较大的信息资源库,加强网站数据库的开发,不断扩大现有的数据库容量的同时,大力挖掘信息资源,把农业信息视野扩展到农业相关的各个领域,收集各方面的信息,以充实现有的数据库内容,逐步建立并不断扩大网络环境的综合数据库,以更好地满足不同层次、不同对象的需求。

(四)促进网络运营商充分竞争,降低网络资费

国内互联网资费较高,已经在一定程度上成为互联网市场继续扩大的绊脚石,严重地影响了农民上网的积极性,对互联网的发展也产生了负面影响,同时也制约了农产品网络营销的发展。世界银行 2007 年 5 月发布了《中国的信息革命推动经济和社会转型》报告。报告指出,尽管中国拥有世界第二大互联网和宽带市场,但目前中国互联网使用价格占收入水平的比重仍然偏高。

发达国家互联网使用价格不到其收入水平的 1%,而中国的比例超过 10%,是发达国家的 10 倍,也高于东亚及太平洋地区约 8% 的平均水平。对此,专家认为,我国的互联网使用资费至少有 20% 至 30% 的下降空间,而价格下降的关键是市场的充分竞争。

总之,农村信息化是一个漫长而艰巨的过程,具体工作中不能割断历史,也不能脱离实际,要面向未来,顺应时代发展的潮流,要坚持改革和不断创新,突破体制和观念的束缚,学习掌握和应用新技术,为农村发展提供手段和保障。

任务四　实施农产品标准化与品牌化战略

一、我国农业标准化发展现状

我国农业标准化工作是在新中国成立后开始的,大致经历了新中国成立初期的起步阶段、20 世纪 60 年代的普及阶段、"文革"期间的停滞阶段、改革开放后的恢复和发展阶段及进入 20 世纪末的快速发展阶段。

目前,我国农业主管部门和各省、自治区、直辖市农业部门都设置了标准化管理机构,农业标准化工作主要以建立健全农业标准化体系和建设农业标准化生产示范基地、提高农产品质量和安全性、促进农业产业化发展为重点,均取得了明显成效。

(1)农业标准化体系基本形成。目前,我国已发布农业国家标准 1500 多项,农业行业标准近 2000 项,各省市制定的农业地方标准 7000 项,覆盖了粮食、棉花、油料、禽畜产品、水产品、水果、蔬菜、林业、烤烟等各类产品,贯穿产前、产中、产后的全过程,涉及农业基础管理、农业产品质量和安全、动植物保护、检疫和检验、农林机械与设备等各个方面,初步形成了一个以国家标准为主体,行业标准、地方标准、企业标准相互配套,包括产前、产中、产后全过程的农业标准体系。

(2)农业标准化管理体制进一步加强。国家农业主管部门设有专门分管农业质量标准化的机构,各省、自治区、直辖市农业部门都设有标准化管理机构。

(3)农业质量监督体系从无到有。从20世纪80年代中期开始,我国加强了农业质量监督体系建设,目前已有国家级产品质检中心10多个,部级质检中心180多个,各省、市、县都建有检测机构,形成了遍布全国的检验检测体系。

(4)农业标准化法规逐步建立。根据《中华人民共和国产品质量法》《标准化法》《计量法》及有关的法律法规,结合农业的特点,制定了法规和部门规章。

(5)产品质量认证开始起步。参照国际上质量认证的通行做法,组建了中国水产品质量认证中心和中国农机产品质量认证中心。

(6)农业标准化推广工作大大加强,农业标准化受到社会重视。农业标准化推广工作进一步加强,先期第一批117个国家级示范区已通过了验收,大大提高了政府和群众对农业标准化的认识,不少地方政府拨专项经费支持农业标准化工作,出台了法规性文件来规范农业标准化工作,标准化日益受到社会各界的重视。

二、农产品标准化发展存在的问题

标准化的产品、品牌产品更适合在网上营销。未来的营销是品牌的战争,农产品的网络营销也是一样。因此,加强农产品的标准化与品牌建设是发展农产品网络营销的必要条件之一。目前,农产品的标准化与品牌化建设刚起步,还存在着以下问题:

(1)市场上的农产品中,无品牌的多,有品牌的少。

(2)市场上农产品数量多,但标准化生产程度低。同时,长期以来我国农产品没有分级的习惯,大小混杂、优劣混装,严重制约了农产品网络营销的开展。

(3)农产品品牌设计中,以地名、人名命名的多,但有寓意、创意的少。

(4)对农业标准化工作的重要性认识不足,重视不够,宣传不到位,推广、实施力度不大。

(5)缺乏统一规划。

(6)农产品质量标准和监测标准尚未与国际接轨,特别是部分农产品的质量分级标准缺乏公正、客观、科学的依据,标准的制定与实施、推广严重脱节,存在着重制定标准轻实施的现象。

(7)农业标准体系不够健全,监测机构和法规体系不完善,认证不规范,执行不严格。

(8)农业标准化重复交叉现象突出。

(9)监测手段落后,对农产品的农药残留、兽药残留以及种子、化肥等农业生产资料的质量的监测,多数还停留在感官评判阶段,标准化工作监督检查工作有待进一步加强。

(10)农业标准技术队伍薄弱。

三、我国农业标准化的特点

我国农业标准化具有对象有生命、区域性、复杂性、文字标准与实物标准共存等特点。

(1)农业标准化的主要对象是有生命的。农业技术是在不易控制的自然环境中,通过动植物的生命过程来实现的。

(2)农业标准化的区域性。农产品因地区不同,其品质差异很大,同一技术在不同区域应用效果不同。

(3)农业标准化的复杂性。表现在制(修)定标准的周期长,要考虑的相关因素较多。

(4)文字标准和实物标准共存。文字标准来源于实践,是客观实物的文字表达。但是,文字标准较抽象,由于人们的理解能力或认识程度不同,会产生不同的结果。

四、我国农业标准化对策

第一,强化领导,狠抓落实,确保标准化工作顺利开展。农业标准化建设是农业生产的又一次革命,只有强化领导,引起各级政府的高度重视,才能搞好农业生产的改革,适应入世后的新形势。

第二,加快农业标准化建设步伐。农业标准化工作是一项庞大的系统工作,必须把涉及农业标准化的有关部门有机地组织起来,形成合力,共同推进农业标准化建设。

第三,抓好农业标准化推广体系建设。农业标准推广和实施,才能变为现实的效益和成果,健全农业标准化推广体系是标准化工作的重要环节。要针对目前存在的重标准制定、轻推广实施的倾向,着力抓好农业标准的实施。

第四,健全农业监测体系。当前要充实、完善现有国家级、部级质检机构,加强地方检验、检测机构建设,以满足各地农业生产需要。重点围绕"米袋子""菜篮子"工程,加强有关农药残留量的检验手段,以保证人身安全健康。择优利用科研院所、大专院校实验室的检测设备和能力,填补少量检验、检测机构和检验项目,但要避免重复建设。

第五,完善各项农业标准化政策。一是不断完善农业标准化投入政策。二是认真落实充分调动农业标准化人员积极性。三是加强法治化管理。四是建立标准化工作督查队伍,加大执法力度。

五、我国农产品品牌建设的现状

纵观我国农产品品牌建设现状,农产品品牌发展仍十分滞后,主要表现在农产品品牌相对量少,发展速度缓慢,科技含量低,地域分布不平均等。从农产品的相对量看,目前我国年注册农副产品商标量约占我国商标注册总数的20%;从科技含量方面看,我国加工农产品品牌多,初级农产品品牌少,初级农产品的产业链较短,大多扮演原材料的角色,科技含量比较低。农产品只在当地或某一特定区域有一定的影响力,走出该区域,消费者对该品牌一无所知。虽然也有一些较出名的品牌,但数量与产值和国外相比,还有很大差距。很多特色农产品品牌建设因品牌知名度较小、标准化建设滞后、特色农产品品种老化、安全质量不达标、新型科技难以推广等问题受到了制约。

这些问题直接影响着我国农业现代化进程和品牌农业的发展步伐。因此,加快农产品品牌建设,推进标准化就显得尤为重要。

我国农产品品牌建设的利益主体包括各级政府、农产品产业化组织、农民、消费者。在食源性疾病和农药残留严重超标频频曝光的严峻形势下,消费者对高品质农产品的需求十分迫切。加入世界贸易组织后,国外农产品品牌在国内中高端市场攻城略地,国内农产品品牌因为规模、技术、资金、品牌管理等原因难以抗衡。在金融危机背景下,国内农村市场要大力开拓,农民增收是前提。在农产品需求、国外农产品竞争、农民增收的三重背景下,我国农产品品牌建设问题的实质是坚持产品市场化和经营产业化原则,引导土地、资金、技术、劳动力等生产要素向品牌农产品优化配置,由粗放式低效农业向集约化高效农业转型。

农产品品牌建设是为了满足消费者对高品质农产品的需求,同时也为了实现农业增效和农民增收;在政府规划与引导下,农产品生产经营者使用标准化生产技术和品牌管理策略,塑造农产品品牌形象。以标准化生产技术为纽带来规范分散农户的生产活动,保证农产品品质统一。

六、创建农产品品牌策略

创建农产品品牌需要采用以下策略:

一要"引"。供销合作社等涉农部门应加大品牌宣传和舆论引导力度,增强农产品品牌意识,推动全社会形成支持农产品品牌建设、消费品牌农产品的良好氛围。建立品牌产品激励保护机制,从单纯追求数量增长转为追求品质优化,大力发展名、优、新、特、稀农产品,减少生产的盲目性、随意性、趋同性,走市场化、现代化大农业之路。充分挖掘农产品的文化内涵,根据农业产业文化资源特点与消费者需求趋势,在农产品品牌的设计和培育中,强化浓厚的人文、地域、风土气息,塑造农产品品牌的个性特色。鼓励和扶持企业、合作社、行业协会注册农产品商标,打好生态牌、绿色牌、安全牌,因地制宜,因势利导,带动企业、合作社、行业协会和农民走农产品品牌化道路。

二要"统"。农业标准化、农业质量标准化体系和农产品质量安全检测体系是创建品牌的基础性工作,质量是农产品的生命线,是农产品创品牌的根本。农产品标准化是农产品品牌发展的质量保证、技术基础和法律保障,要按照"统一、简化、协调、优选"原则,通过制定标准和实施标准,促进先进农业科技成果和经验的推广普及,提升农产品质量,促进农产品流通,规范市场秩序,指导生产,引导消费,提高效益,提高农产品竞争力。

三要"联"。实施农产品品牌战略,联合合作,培特培优,做大做强,推动农产品品牌发展。供销合作社等商品流通部门和农委、工商等职能部门要根据当地农业产业的现状、特色和优势产业,在增加农民收入、提高农民组织化上,加强联合合作,构建多功能、多层次、全方位的农民专业合作组织体系,积极探索把同类产业的大小合作社联合起来,组织农民走专业化道路。

四要"创"。"科学技术是第一生产力",农产品品牌建设的落脚点是依托科技创新,加大科技投入力度,引进新品种,运用新技术,开发新产品,提高产品加工程度,实现农产品质的飞跃。依靠技术进步,加强新品种引进培育,提高农产品开发能力,以新产品、特色产品、精深加工产品,注重优良品种的引进、培育、示范、推广,淘汰劣质品种,压缩常规品种,扩大名优品种,以品种的更新换代,提升产业层次,保持品牌的生机和活力。

五要"拓"。实施农产品品牌战略,必须进行农业产业化经营,形成规模经济效益,实施企业、基地、农户三结合的运行机制,作为品牌战略的组织依托,解决生产规模小、农产品品质差别小、营销方式落后等问题。供销合作社等商品流通部门要帮助农民建立有特色的品牌产品产地市场,集中销售当地名优农产品,同时建立稳定的销售渠道,开拓新的业务关系,促进农产品流通。

六要"扶"。政府要将农产品品牌建设纳入品牌建设总体规划,组织农办、农林、财政、工商、质监、供销、商务、民政、宣传、人保、食品、交通、科技、金融、税务、法律等相关部门参与农产品品牌建设"大合唱",加大对创"品牌"农产品的企业或合作组织的政策扶持力度。建立长效投入机制,特别加大金融、税收、科技、财政对供销合作社等相关部门创建农产品品牌的政策支持,推动竞争环境的有序化,支持鼓励新产品开发、机械化"种、养、加、研",推动规模化经营、精细化管理。

七、农产品标准化与品牌建设的措施

由于标准化生产与品牌是网络购买者识别农产品品质的重要方法,因而实施农产品的标准化与品牌战略是拓展农产品网络销售市场,增加农产品的附加值、提高产品市场竞争力的必由之路。实施农产品标准化、品牌化战略的主要措施有以下几种:

一是政府要制定科学的品牌发展规划。科学引导,合理定位,防止一哄而上,盲目创牌,采取扶持性的政策,打击假冒伪劣产品,坚决支持以品牌生产为龙头的农业企业组织建设,并利用贸易规则,积极实施传统名优产品的原产地保护,为品牌建设保驾护航。如浙江真正的龙井茶还在枝头,而市场上的龙井茶却在热销,反而把大量的真龙井茶挤出了市场。

二是建立农业企业化组织,实施科技创新,实行标准化的农产品生产管理。没有农业的标准化管理,农产品的生产和加工就难以规范,质量的稳定性就得不到保证,就无法形成较强的市场竞争力。实施标准化的生产,就必须以农业产业化组织为主体,解决农产品目前生产规模小的格局,加强农作物、畜禽和水产品优良品种的培养,优化品种结构。如可以建立农民生产协会、专业性生产合作组织,内部实行不同程度的企业管理与经营。

三是积极引导、帮助农产品生产者做好商标注册工作。尤其是传统的原产地产品,必须尽快规范生产标准,完成商标注册。逐步开展农产品的原产地认证工作,形成区位品牌,促进产业聚集。

四是提高农产品的加工包装能力。全方位的农产品包装是创牌的关键。要严格农产品质量检验,对农产品的包装设计、营销方案进行全面的科学论证,只有经过科学的品牌规划与实践,才会创出一流的农产品品牌。

总之,要适应农产品网上交易的需要,就要形成区域化、特色化、品牌化、专业化、批量化、规模化的农产品生产格局,再辅之以农产品的加工、现代化运输工具的运用、市场设施的配套发展,从根本上实现农产品的生产与网上营销的有机对接。

任务五　农产品网络营销的策略

一、农产品网站建设策略

(一)无专有的营销网站策略

立足于宣传的营销定位,农产品网络营销相应地可以采用无独立的营销站点策略,特别是当营销主体实力还不够强大时更应该如此。考虑到建立网站和维护网站所需的巨大投入,在自身实力还不是很强、经营规模还不太大的情况下,不主张投资兴建自己的营销网站,而是选择在农业专业网站上发布供求信息,如农产品加工网、农产品市场信息网、政府农业管理部门的官方网站等,这样既达到了发布信息的目的,又能节约成本。

(二)建立专有的营销网站策略

无专有的营销网站策略在农产品营销主体实力不强的情况下比较适用,但它并不利于农产品品牌的推广,不利于企业的长远发展。因此,当农产品营销主体具备一定的规模和实力后,还是应该建立专有的农产品营销网站,并至少要涵盖 8 个方面的内容,如公司简介、产品信息、顾客服务信息、促销信息、销售和售后服务信息、联络资料、线上定购页面、顾客交流平台等。

二、农产品网络营销产品策略

实施农产品网络营销的产品策略可以从以下几个方面进行：

第一，广泛推广现代农业生产新技术，提高农业的生产水平，将农业生产的全过程纳入标准化生产和管理，这样不仅提高了农产品生产的品质与数量，而且更有利于农产品的标准化生产。

第二，发展相关农产品的加工企业，实施对农产品的再加工，改变农产品不利于网络营销的属性，使其适合在网上销售，优点主要体现在两个方面：

一是增加了农产品的销售渠道。通过搞好农产品的挑选、分级等工作，可以缩小农产品之间的差异化，利于农产品在网络上的标准化销售。通过包装保鲜处理，可以克服农产品的易腐性的缺点。包装好的农产品不仅可以减少储运、运输过程中的损失和散落问题，还便于储藏和搬运，而且有利于易变质农产品的保存，同时还具有促销作用。

二是农产品加工可以进一步增加农业收入。农业最大的利润领域是加工、开发、运输环节，发达国家把农产品加工作为农业的重中之重来抓，他们平均将农业投资的70%用于农产品产后的加工处理，结果使农产品的加工率达到了80%～90%，农村人口的收入与城市人口收入接近，并为此带动了农业产业的升级和农业的持续发展。目前，我国农产品加工转化正处于起步阶段。农产品的加工量只占其总生产量的25%左右，加工转化后只增值30%左右，发达国家农产品加工产值与农业产值之比大都在2.0∶1至3.7∶1之间。由此可见，我国发展农产品加工转化业有着巨大的市场空间。

第三，创建农产品的品牌。品牌是一个综合、复杂的概念，是商标、名称、包装、价格、历史、声誉、符号、广告风格的无形价值的总和。通过建立一种清晰的品牌定位，利用各种传播途径形成受众对品牌在精神上的高度认同，更利于网络营销。新疆的"库尔勒香梨"和"吐鲁番葡萄"、重庆的"涪陵榨菜"、湖南的"石门柑橘"等品牌都创造了农产品网络营销的成功案例。如被称为"柑橘之乡"的湖南石门县是全国最大的柑橘生产出口基地，拥有40万亩果林，年产量高达30万吨，占湖南省柑橘总产量的70%。为了进一步促进"石门柑橘"的销售，当地政府网站上专门开设了"石门柑橘销售中心"网页，并且同时通过"中国柑橘网""中国农产品信息网"发布销售信息，网上销售的柑橘每年以超过 40% 的速度增长(2007 年常德农经网公布)。

三、农产品网络营销的渠道策略

网络技术的迅速发展对我们的生活、生产方式产生了显著的影响,即使是较为传统的农产品销售,也在电子商务崛起的大背景下有了新的发展趋势。本书结合当下农产品网络销售的现实情况,分析农产品网络营销产生的原因及存在的问题,有针对性地提出改进方案,为农产品的网络营销拓宽渠道,从而达到提高销量、切实增加农民收入的目的。

网络分销渠道则是借助互联网,以合理方式选择分销渠道和组织产品、服务信息流通的方式,满足消费者信息沟通、产品转移和支付清算要求的一整套相互依存的中间环节。合理的分销渠道,一方面可以最有效地把产品及时提供给消费者,满足用户的需求;另一方面也有利于扩大销售,加速物资和资金的流转速度,降低营销费用。农产品网络营销通常采用"双道法"的渠道策略。

"双道法"是指同时使用网络分销渠道和传统分销渠道,以达到最大销售量的目的。农产品网络营销是传统营销方式与现代网络工具的有机结合,不仅合并了中间分销环节,企业节省了分销成本,降低了产品价格,为买卖双方带来了直接的经济利益,为消费者提供了更为详尽的商品信息,同时买卖双方的互动性增强,可即时地利用网络交流信息。在买方市场的现实情况下,通过两条渠道推销农产品比通过单一的渠道更容易实现"市场渗透"。

云南省的花卉网络营销是成功运用"双道法"的案例。云南是中国植物种类最多的省份,素有"植物王国"的美称,也是全国最大的鲜花生产基地,鲜切花销量占全国市场的 50% 左右,80% 的花卉销往全国 70 多个大中城市,10% 出口到日本、泰国、新加坡等国。

目前云南花卉主要的流通渠道有两种:一种是中间贸易商从云南省昆明市呈贡区斗南批发市场组货,发往各消费地代销点、批发市场或零售商;另一种是花卉生产企业根据花卉网站上的网络订货,直接把产品发给自己的固定客户。这两种营销方式现在都成了云南花卉业不可缺少的销售营销渠道。

为了切实解决农产品网络销售的各种问题,需要转变传统观念,充分利用各种政策资源,做好农村电子商务体系建设,积极拓宽网络营销渠道,为农产品销售和农业发展寻求新的机遇。

(一)政府加强政策引导

农产品的网络营销需要政府的积极引导。首先,政府要加强电子商务的宣传力度,改变农户传统的经营理念,使农户能够及时了解农业信息,准确把握市场动向,生产、经营符合市场需求的特色化农产品。其次,要做好电子商务人才的培养工作。一方面,加大对农村教育的扶持力度,通过开展各种培训活动提高农户的网络营销水平。另一方面,加强政策引导,吸引有能力的专业人才加入农村电子商务建设活动。

(二)加强电子商务体系建设

农产品的网络营销需要加强电子商务的体系建设。首先,要加强网络基础设施建设。政府相关部门应当积极改善农村上网条件、降低上网成本,为农产品的网络销售打好基础。其次,建立起专业化的物流配送体系。无论选择何种营销方式,都要以提高农村地区的可进入性为前提,专业的物流体系除了具备相应的贮藏设施以外,还需保障各级道路的畅通,逐渐建立起专门的农产品物流配送中心。

(三)搭建多种模式的网络营销渠道

当前农产品的网络营销多由分散农户开展,无法形成规模效应,难以实现资源的高效利用。由于农户的网络营销水平不足,这部分工作往往会带来新的成本,因而可以采用"农产品营销中心＋农户"的电子商务模式。每个生产周期开始之前农户与营销中心签订好供应协议,为农产品销售做好保障工作,然后只负责农产品的生产和质量把控,减少自身工作量的同时降低营销成本。除此以外,有能力的地区也可以开展"农户＋农户"的电子商务模式,利用网络技术完成整个生产、销售过程。

四、农产品网络营销的促销策略

农产品网络营销的促销策略,是指农产品经营者利用现代化的网络技术向网上虚拟市场传递有关农产品的信息,以激发需求,引起消费者的购买欲望和购买行为。农产品的网络促销的形式有许多种,如网络广告、站点推广、销售促进、网络公关、网络营业推广等,网络广告和站点推广是两种主要的网络促销方式,特别是网络广告已成为一种新兴的产业。

（一）网络广告

网络广告是指特定的农产品的经营者或生产者利用网络对于农产品的介绍和推广，其目的在于引起消费者的共鸣，促使消费者产生试用、购买等直接反应。现在与农业有关的网站几乎都有表现形式多样的农产品的营销广告，如横幅广告、链接广告、旗帜广告等。

（二）网站推广

网站推广是农产品网络促销的重要方式，只有通过推广才能使农产品网站在浩瀚如海的互联网中被人注意，使更多的消费者能够利用浏览器很方便地进入农产品的网站。推广农产品网站一般有两种途径：

一是通过传统广告媒体，如报纸、杂志、电视、广播等来宣传网址。

二是通过网络的一些著名农产品营销网站，如中国农产品信息网，来"曝光"和推销网址。例如，石门柑橘销售中心网站不仅利用报纸宣传网址，同时与中国农产品信息网、中国水果蔬菜网等很多相关网站建立了相关链接。

（三）网络服务

与传统的人员推销由营销员直接拜访潜在顾客不同，网络人力服务不是面对面的，而是在虚拟网络中由网络服务人员给顾客或潜在消费者提供咨询、培训和解决方案等服务。例如，利用网络聊天室、常见问题回答（FAQ）等工具，举办消费者与农产品生产者情感交流会或及时回答顾客的问题等，增进感情，达到稳定顾客群的目的。

（四）网络公共关系

网络公共关系是指企业以网络为主要手段争取对企业较为有利的宣传报道，协助农产品生产企业与有关的各界公众建立和保持良好关系，建立和保持良好的形象以及消除和处理对农产品营销不利的谣言、传说和事件。

（五）网络营业推广

网络营业推广是指除了网络广告、网络服务、公共关系以外的其他网络促销方式。网络促销推广方式多种多样，如在农产品营销网站上开展网上抽奖，实行网络会员制，开办优惠酬宾活动，提供免费农业科技信息等。

1. 网上折价促销

折价亦称打折、折扣,是目前网上最常用的一种促销方式。目前,网民在网上购物的热情远低于商场超市等传统购物场所。因此,网上商品的价格一般都要比传统方式销售时低,以吸引人们购买。由于网上销售商品不能给人全面、直观的印象,也存在不可观察、触摸等原因,再加上配送成本和付款方式的复杂性,造成网上购物和订货的积极性下降。然而幅度比较大的折扣可以促使消费者进行网上购物的尝试并做出购买决定。目前大部分网上销售商品都有不同程度的价格折扣。

2. 网上赠品促销

赠品促销目前在网上的应用不算太多,一般情况下,在新产品推出试用、产品更新、对抗竞争品牌、开辟新市场的情况下,利用赠品促销可以达到比较好的促销效果。赠品促销的优点可以提升品牌和网站的知名度;鼓励人们经常访问网站以获得更多的优惠信息;能根据消费者索取赠品的热情程度总结分析营销效果和产品本身的反应情况等。

3. 网上抽奖促销

抽奖促销是网上应用较广泛的促销形式之一,是大部分网站乐意采用的促销方式。抽奖促销是以一个人或数人获得超出参加活动成本的奖品为手段进行商品或服务的促销。网上抽奖活动主要附加于调查、产品销售、扩大用户群、庆典、推广某项活动等。消费者或访问者通过填写问卷、注册、购买产品或参加网上活动等方式获得抽奖机会。

4. 积分促销

积分促销在网络上的应用比起传统营销方式要简单和易操作。网上积分活动很容易通过编程和数据库等来实现,并且结果可信度很高,操作起来相对较为简便。积分促销一般设置价值较高的奖品,消费者通过多次购买或多次参加某项活动来增加积分以获得奖品。积分促销可以增加访问网站和参加某项活动的次数,可以增加上网者对网站的忠诚度,可以提高活动的知名度等。

5. 打包促销

打包促销在网络上的应用近年来愈演愈烈,开展农产品的该类促销方式也极其简便。除了可以帮助消费者提升膳食的搭配外,还可以在企业提升单价上起到重要作用。可以说打包销售的巧妙应用最终可以在企业和消费者当中实现双方的共赢。

6. 社交媒体(Social Media)分享促销

社交媒体的分享促销在社交媒体发展蓬勃的现今,对于促进与消费者的互动,拉近与消费者的距离有一定的作用。公司的网络分销平台在设计之初便加入了当下用户群较多的社交媒体,如微信、微博等。公司在不同的市场推广周期内,策划一些能在社交媒体上产生共鸣的创意活动,分销平台会员客户只需通过自己的社交媒体账号转发分享,便可以得到公司赠送的相应礼品或是农产品。通过该手段,每一个分销网点的网络平台都能成为一个"波源",带动和促进各分销网点实际会员客户或潜在客户通过主动分享赢取礼品的方式扩散分销网点的促销广告。这类形式除了拉近了与会员客户的关系,还通过会员客户的社交媒体进行了二次的宣传,给公司各分销网点带来了更多新的客户。

7. 新客户免费试用促销

开展网络营销的原因在于网络平台商客源众多,但是客户并不会无缘无故地就到某一个平台进行经常性的消费。对于各分销平台的客户来源,公司除了配套常规的网络推广手段以吸引线上会员注册消费外,还对于一些起步较晚,客户量不足的分销网点有针对性地开展新用户注册免费获得农产品的"引流"活动。经研究,互联网的购物是一种体验式的购物,很多消费者在起初阶段并不愿意主动尝试一些新生事物,比如网上购买农产品。但是,通过一定阶段的新用户免费注册得礼品促销,客户经历过完整的购物体验后会感受到与线下购买不一样的便捷服务,对于各分销网点的新用户集聚能够带来很多意想不到的收获。这类帮助分销网点赢得新用户的促销手段也是公司确保加盟分销商的主要手段之一。

任务六　农产品网络营销成功案例

农产品网络营销,将农产品传统的先产后销模式彻底革新为先销后产模式,使广大农民最终受益,必将从根本上促进我国农业发展。过去出现农产品价格剧烈波动的主要原因在于农民的生产种植与销售脱节,该种什么不该种什么,完全凭感觉,不了解市场需求,信息不对称,而农产品电子交易市场的建设,实现了买卖双方网上交易,让农民在种植时就提前与买方对接,很好地解决了销路问题。同时,对买方来说,可以有稳定的货源保证,通过网上平台营销宣传去提前议价,免去长途奔波。

一、寿光蔬菜基地

寿光,以盛产蔬菜而闻名天下,是全国最大的蔬菜生产基地、交易中心和物流中心,寿光蔬菜价格指数成为中国蔬菜市场的晴雨表。山东寿光蔬菜产业控股集团是总部坐落于"中国蔬菜之乡"——寿光的一家大型农业产业化企业集团,是全国首批国家级农业产业化重点龙头企业,下辖 5 家集团公司,总资产达 50 多亿元人民币。经营业务专注于蔬菜全产业链的资源整合和一体化运作,涵盖蔬菜种苗研繁推、基地生产、精深加工、物流配送、农批市场经营、电子商务、温室工程等整个蔬菜产业领域,致力于打造中国蔬菜全产业链行业领航者。作为国内蔬菜行业的领军企业,近年来,寿光蔬菜产业控股集团秉承以带动农民增收,促进农业增效,推动农村经济发展为目标,以为广大消费者提供最优质安全的放心农产品为企业宗旨,积极实施农业龙头企业带动战略,初步构建起了蔬菜全产业链运作的完整产业框架体系。

依托资源、品牌和产业化运作优势,该集团投资建设了天津、北川羌族自治县两个农产品电子营销交易市场。该电子营销交易市场最大的亮点以及和其他电子交易市场的最大区别是其依托寿光蔬菜产业集团完善的产业链条和在传统农产品批发市场经营上十几年来积累的经验和客户资源。国内各大农产品核心产区的生产企业、农民合作社、家庭农场与众多农产品经济人、进出口公司、农产品加工企业都与该市场建立了多年的合作关系。严格、规范、科学的管理模式使得该市场一直稳居行业领导地位,被中国商业联合会授予"5A 级诚信企业"称号,被商务部授予"电子商务创新示范企业"称号。北川维斯特交易市场是绵阳首家农副产品电子交易市场。截至目前,在全国设立了 10 个办事处进行市场开发,已发展服务中心 1500 家、交易商 30 000 个,成交量从开业以来逐步增加。

开市两年来,北川维斯特交易市场已经逐步打造出了一个专属农产品的维斯特交易市场,该市场是绵阳首家农副产品电子交易市场。开市两年来,北川维斯特交易市场已经逐步打造出了一个专属农产品的电子交易平台,在带动当地农业发展的同时,也为农民朋友拓宽了致富路。"鼠标点一点,农产品卖出好价钱"成为北川当地许多农民朋友的新体验。

通过维斯特电子交易市场,北川当地农产品发展业态更加丰富。走进维斯特农产品展示区,记者发现,这里不仅种植有在北川当地常见的金钱草、牛萝卜、开口笑、辛夷、当归、泡参等产品,更有新品种的茄子、南瓜、樱桃、西红柿等外地市场十分走俏的农产品。以通过交易平台获得信息为向导,北川积极发展高山农特产品基地种植、加工销售和种苗组培开发等产业,预计每年可实现销售收入 5 亿多元,直接和间接带动 10000 多人就业。严格、规范、科学管理,争创国内一流。

二、借助第三方交易平台模式——淘宝网特色中国·江西馆

2012 年,阿里平台上共完成农产品交易额(GMV)约 200 亿元,其中淘宝网和天猫平台成就了大部分的交易额,B2B 平台上通过支付宝完成的交易额接近 1 亿元。这组数据来自阿里研究中心的《农产品电子商务白皮书(2012)》。2012 年,淘宝网食品类目重新组建了特色中国项目,希望用土特产撬动用户对于农产品的蓬勃需求;与此同时,为了探索农产品电子商务的绿色生态模式,淘宝网专门成立了新农业发展部,推出生态农业频道;天猫组织优质的运营服务商资源,为其食品类目下近 4000 个卖家提供更专业的支持和服务;聚划算平台则通过团购的方式,为生鲜农产品大批量的网络销售提供机会。巨大的农产品市场,不仅为网购提供了坚实的基础,亦为地方政府提供了一个规模空前的市场契机。

2014 年 5 月 27 日,淘宝网特色中国·江西馆正式开馆。特色中国·江西馆项目是江西淘鑫电子商务有限公司与淘宝网共建的电子商务平台项目,旨在通过政府、淘宝、运营商三方合作,将江西名优特产、手工艺品及旅游产品等销售到全国各地。淘宝网特色中国·江西馆自 2013 年 11 月试运营以来,入驻商家已达 300 余户,上架产品近千种,日均实现交易额近百万元,并先后组织省内卖家在淘宝网举办的"双十二""年货节""抢鲜购"等一系列活动中取

得了不俗的业绩。特别是在 2014 年 5 月初举办的"难忘庐山恋"专题活动,引导成交金额达 6000 万元。

江西淘鑫电子商务有限公司是淘宝网唯一授权的江西省省级合作商,旗下的淘宝网特色中国·江西馆汇集江西各地名优特产品,借助淘宝网强大的人气和市场,现已成为江西电子商务发展对外的一张崭新的名片。作为运营服务商,除了做好销售和推广,包括频道、营销策划以及客服体系,平台则做基础的流量,包括搭建产品库、商品和卖家管理模块等,还肩负着孵化和推广地方特色产品,以及协助各地区中小卖家成长的责任。

三、特色中国·江西馆福星养蜂场直销店

(一)福星养蜂场直销店简介

2009 年开店至今,三皇冠金牌卖家,淘宝首家蜂农专业合作社卖家,直销蜂蜜产品。生产地位于江西白莲之乡石城,福星养蜂场是国家无公害示范农场,CCTV-7 上榜蜂场。产品主要以追求健康养生、美白养颜的女性为主,兼顾其他人群。现代人更注重保健养生,蜂场推出了具有各种功效的不同蜂蜜产品以满足人们需求。主打产品顶级荷花粉 5 年中累计售出超 30 000 瓶。

(二)福星养蜂场直销店成功的经验

1. 店铺建设

由于店铺主要面向追求天然,自然养生养颜的网购人群,女性为主,因而店铺整体风格清新淡雅,简单温馨。为给顾客留下深刻的印象,店铺从以下几个方面入手:

首先,福星蜂场品牌的商标"复人春"随处可见,商标设计一只蜜蜂停在荷花心,下书"复人春"三字,图形文字生动形象,与所售商品高度契合,所以很容易被消费者记住。

其次,为了树立品牌,传播品牌文化,店铺专门有一栏福星故事,用翔实的图片,诚挚优美的文字,给我们讲述了老少三代养蜂人的历史以及福星蜂场建成的过程以及取得的各项荣誉,让顾客对店铺和产品有更深层次的了解,新顾客对产品产生信任感,老顾客对产品有忠诚度,情感营销取得成功。

再次,为了让顾客更好地识别、使用店铺产品,店铺有两个专栏"蜂蜜知

识"和"蜂花粉知识"就顾客可能存在的疑问进行了解答,对蜂蜜的基本鉴别、各种蜂蜜的不同功效、蜂蜜的食用方法和种类都有详细的描述。只有大大降低顾客的疑虑,才能促成顾客买单。

2. 产品索引

网络购物时,如果页面搜索和等待的时间过长,顾客有可能会放弃本次购物,甚至由于不太愉快的购物体验,在此之后不再光顾此店,这对于商家毫无疑问是种损失。因此,为了节省顾客时间成本,优化顾客体验,帮助顾客更快地找到所需产品,掌柜做了以下几点:

店主推荐精选店铺几项主打产品做成店主推荐放在首页,推荐产品的价格、详细介绍、产品功效一目了然,直接点击图片即可进入购买界面。其他重要产品做成小图,点击进入。

产品分类为了帮助顾客更快地找到所需产品,福星养蜂场直销店对产品进行了详细的分类。按性质分为天然原蜜、王浆蜂胶、活性花粉、调配品、农家特产;按功效分为调理肠胃、美白养颜、增强免疫、改善睡眠、鼻炎克星、风湿关节等;按年龄性别分为中老年、儿童、男性、女性。所有宝贝都可以按价格、销量、新品搜索,从而从多个角度满足不同顾客的个性化搜寻需求,一切以顾客便利出发。

3. 产品介绍

掌柜从顾客关注的角度,详细地用视频把整个蜜蜂采集荷花粉的过程记录下来,所有视频拍摄解说都是掌柜亲自制作的,给人真实可信的感觉,大大提高了顾客的下单率。店家精心地给每一款商品配了实物图片,主推产品放置在店铺首页中,还有选择性地在图片中加入了促销优惠或成交件数等方面的信息,增加产品的可信度和吸引力。文字上纯天然、纯手工、原生态,这些字高频出现,还把产品的功效详细做了介绍。充分运用了视频、图片、文字,让顾客对产品有一个全面彻底的了解,降低顾客由于不能亲身感受带来的疑虑,进一步增强消费者对产品的信任。此外,店家还教你搭配使用店中其他产品,推出优惠套装组合,进一步刺激顾客的购买欲。

(三)产品的销售策略

1.价格布局

商家在充分考察了网络消费群体的消费水平和横向比较了整个行业的产品定价后,对产品进行了合理的价格设定,大部分商品价格控制在 20～50 元。另外,为迎合少数顾客对高端保健品的需求,将高纯度蜂胶价格定在 100 ～ 200 元,以适应目标人群的产品需求和经济状况,获得市场。

2.适时推出新品以满足消费需求

适时推出新品以满足消费需求,例如由于环境污染,城市雾霾越来越严重,持续天数也越来越长,这导致大批鼻炎患者的产生,一些人寻求食疗,店家适时推出了新品蜂巢素防治鼻炎,对抗雾霾。城市白领压力大,经常熬夜加班,要保持健康,对天然保健食品需求量大,店铺推出了茶花蜜粉,针对这一庞大的网购消费群体。针对年轻爱美的青春期人群,推出了祛痘淡斑、排毒养颜的雪脂蜂蜜膏。针对女性月经不调又推出新品益母草蜂蜜。商家秉持着专注顾客需求、细分产品市场的理念,为店铺带来了良好收益。

3.利润来源呈现"飞机式"的布局

机头产品,即促销品。将功能性强的商品以较低价格出售,用高性价比的特点来赚取人气和流量。这类似于飞机模型中的机头,起到开辟市场、促进销量的作用。但是这类产品给商家带来的利润比较微薄。店铺放在江西馆首页的产品"雪脂莲蜜"就是此类产品。

机翼产品,即主推产品。它的功能性可能没有促销品强,但是其新颖性和时尚度高于促销品,且种类繁多,样式齐全。它类似于飞机模型中的机翼,为全店起到保驾护航的作用,提高了产品结构的系统性与完整性。因此,此类产品能够给商家带来比较稳定的利润。店铺的"荷花粉"即为此类产品。

机尾产品,即高利润产品。这类产品一般为新款商品或是质量上乘的商品。前者能够满足某些顾客好奇心理以激发他们的购买意愿,后者由于品质优良、成本较高而设定高价。这类商品销量较少,但能给商家带来丰厚的利润。店铺的保健品高纯度正品天然黄酮蜂胶软胶囊 300 粒,定价 168 元,即为机尾产品。

(四)产品的促销手段

福星蜂场直销店组合运用促销手段,重磅打造机头产品,在显著增加店铺曝光量的基础上进一步拉动机翼产品和机尾产品的销量。多次参加"双 11"、聚划算、淘金币活动。店铺经常推出促销活动,主要包括以下几种。

限时秒杀:如买二赠一、买三赠一,用来搞促销的常常是新品,顾客接受新品有个过程,拿新品促销既刺激了顾客多消费,又推销了新品。例如,店铺的买三赠一区,推广的有新鲜洋槐蜜、纯天然东北黑蜂长白山椴树蜜、蜂蜜玫瑰酱。

超值套餐活动:当顾客想买套餐内其中一种商品时,由于觉得套餐优惠划算而加钱购买了另外一种或几种本不打算买的商品,既刺激了顾客在店铺多消费,又让顾客觉得得了实惠。例如,雪脂莲蜜是店内畅销品,由于套餐实惠,顾客买了套餐内另外两种商品荷花蜂蜜膏和农家土蜂蜜。

满就换购:消费满一定数额就可以低价换购特定商品,也是刺激顾客多消费的有力手段。换购的产品可以是推广的新品,既促销了商品,又培养了新品的消费群,一箭双雕。

直接打折:店铺的五折好货区为提高产品销量,不定时拿出一些商品打折促销。如荆条蜜,大众了解少,销量低,打折促销后销量明显改善。

（五）产品售后

福星蜂场直销店根据网购人群的作息时间,每天 9:00—24:00,15 小时旺旺在线,客服人员提供咨询、售后服务。此外,店铺为顾客建了微信群,顾客可以在群内分享产品体验和养生知识,加入该群即成为店铺会员,可享受会员优惠和参加店铺组织的各类活动,如 58 元包邮,偏远地区发邮政快递;15 天无理由退货,降低顾客购物风险。包装仔细,赠送文艺范的小木勺,在细微之处为顾客着想,暖人心地留住了顾客。据统计,顾客回头率 80%。

◇ 课题六 农产品网络营销平台构建方案

这些年网络营销的实践表明,我国农产品网络营销正在逐步与传统营销模式融合起来,但仍然存在一些发展中的不足:农产品网络信息平台功能单一,缺乏时效作用,农产品物流水平不足等。这些表明很有必要对目前的农产品营销平台进行分析,找出目前农产品网络营销平台的问题并加以改进,由此提出农产品网络营销平台的构建方案。

农产品网络营销平台应该与我国占据多数的中小企业的营销水平相适应,以此构建出批售与零售共存的电子商务交易平台,合并相似的流程,减少网站构建和维护的成本,并使用 HTML、CSS、JavaScript 技术实现网页效果的表达。

任务一 农产品营销网站建设功能定位

从网络营销开始普及,很多行业和产业都相继开展了网络营销模式,但是并非所有的行业都能很好地开展网络营销。农产品营销网站的建设,首先要考虑的问题就是建设的目的何在。建设之初就应就目标群体的现状展开调查了解,其购买力、爱好、消费习惯等都需要了解。在此基础上才能够有针对性地采取措施,高效发挥网站的作用。

我国目前农产品企业网站的建设情况可参考目前我国互联网以及农业等相关行业的发展情况来看,基本功能可以从市场型、办公型、服务型三大类型进行定位。其中,市场型主攻市场份额、产品的营销等;办公型的重点是注重企业办公效率的提高;而服务型的开展就目前农村相对落后的条件来说相对困难,各方面条件都不成熟,实现网上服务的困难较大。

参考 2005 年年底中国互联网络信息中心的调查,根据调查结果来看,互联网用户实际购买产品或服务中书籍位居第一,音频和视频产品尾随其后。购买食物只排在倒数第二位,在线购买频率低、不满意度高等,也预示着农产品的网络营销在企业网站的在线商品交易平台要格外小心。虽然困难重重,但是这并不影响网络营销模式的开展,我们要自己去克服困难,并将这条路走好。网上直销方式可运用在网上开设电子版商店这种模式。简单地说,就是选择第三方提供的一个电子商务平台,由企业或农户自行经营,虽然是在虚拟网络,却如在现实生活中租赁商业实体店面或柜台自主经营一样。

前期利用 C2C、B2B、B2C 等平台去推广是个不错的选择。因为现在这方面都有相关的网站,而且很多都是免费的。还可以采用微博、博客、贴吧等方式去做推广。因为初期考虑到成本等各方面的预算,只能采取成本低的网络营销模式去推广,但是在推广方面并不能松懈。后期可以考虑官网的建设、百度百科的完善、第三方网站合作等方式的推广,虽然成本高些,但是可能效果会更明显一些。

此外,作为农民,前期如果在资金和人员方面不足,可以采用农户合作的形式,就是几家农户开一个,在上面共同售卖,利润大家可以一起赚,或者是邀请投资商来为农户合作投资,不论采用哪种形式都应该明确一个出发点,那就是我们要将农产品很好地推广出去,在这个过程中我们可以获得利润,而且消费者也能获得物美价廉的产品。

任务二　平台系统整体结构

依据农产品营销的特点、模式等进行研究,从我国农产品网络营销的网络、社会、基础设施环境现状进行调查分析,总结出目前市场上利用率比较高的网络营销平台的优势和缺点。营销平台实现:农户展示自己的农产品信息,网店销售方与其联系双方达成预购意愿,同时网店销售方通过宣传等手段对消费者推广产品达到营销的目的,这样各个参与方各司其职,减少运营成本的模式,将更适合我国中小农产品企业和农户占大部分的现状。

农产品网络营销平台的性能运转情况决定着平台在实际中的应用,因此在进行网络平台设计过程中,要本着使系统结构更清晰,分工更明确,更加方便日后的扩展,系统采用前后端分离的架构。这样做的好处是每一层相互独立、互不影响,便于不同的开发人员各自修改每一层的代码,提高系统的稳定性。

一个完整的农产品网络营销平台应包含以下几个部分:

(1)前台页面。用于显示后台传过来的数据或者把输入的信息传递给后端,负责与用户进行交互。由于农产品网络营销平台是面向广大中小型企业和农户进行服务的,包括农产品的生产者、销售者和消费者,因而应考虑不同群体对平台实用性的需求,前台页面的交互方式更加符合以往操作的习惯,减少用户的再学习压力。

(2)数据库。按照数据结构来储存和管理后台处理业务逻辑时需要的数据或者前台传递过来的数据,是进行有效管理和利用各类资源的前提,是网站分析数据实现智能化分析用户需求的技术手段。

(3)后台管理系统。为各个对应数据文件设置端口,来实现和扩展前台某些具体功能。农产品网络营销平台在发展的过程中,不仅要实现平台既定的应用,为了实现资源的扩大和共享有时还要联通到其他的平台。提前做好端口的设置,方便平台系统自身或者与其他系统、平台的扩展。

一、我国农产品网络营销体系的构建

农产品网络营销体系建设是实现农产品网络营销的保证。针对网络营销的优势以及我国开展农产品网络营销的制约因素,我们认为,完善的农产品网络营销体系主要由信息共享体系、流通市场体系、物流配送体系、保障体系和支撑体系组成。

(一)农产品网络营销信息共享体系的构建

目前我国农产品信息网络系统主要存在于一些批发市场,如四川成都龙泉聚和(国际)果蔬交易中心、川北农产品批发市场、广汉西部禽苗批发市场等,它们通过建立信息采集、发布系统与信息平台,已成为四川省"农经网"的信息联系点,但仍存在一些不足,主要表现为硬件建设跟不上和信息资源不能实现共享,其主要原因在于信息网络建设落后,各市场主体间合作意识较差。为了实现农产品营销的全程信息服务,需要建立农产品网络营销信息共享体系。

(二)构建基于电子商务网站的信息网络系统

我国已建立了一批优秀的农产品电子商务网站,一方面,可借助电子商务中多功能接口平台等专业技术和政府的力量将各个网站的农产品市场信息、供求信息等汇总发布并与生产基地、批发市场、物流企业间信息采集与交换网络实现信息共享；另一方面，可通过引入信息中介服务作为实现上述系统的补充。所谓信息中介，是指一种新型中介形式，充分运用和发挥互联网的优势，推动市场信息资源的开发，并通过信息服务等方式提供内容、信息、知识及经验的代理，从而为某一特定电子商务领域增加价值。值得注意的是，在农村地区，这一新型中介的建立可以从现有的农业组织发展形成，如供销社、农业合作组织等。

（三）构建基于信息中心的信息网络系统

网络平台的作用是实现各生产基地、批发市场间信息（包括农产品生产供应信息、需求信息、价格信息等）的整合。首先，产地信息中心在各生产基地与产地批发市场间完成信息采集，将采集来的信息上传至区域信息中心，如图6-1所示。信息经过区域信息中心整理之后有2个流向：一是在本区域内，指导农户和生产基地的生产活动；二是上传至中心城市虚拟批发市场，进行中心城市农产品网络营销。

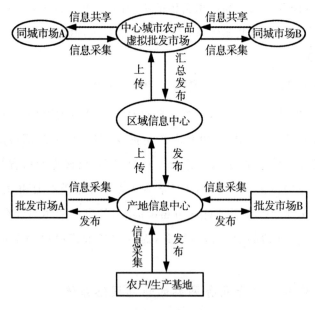

图 6-1　信息采集与交换网络

虚拟批发市场将价格与供求信息整理后,在同城市场间进行信息交流与共享。该信息采集与交换网络的另一个功能是根据所整理的信息预测农产品近期价格走势及未来需求,用以指导农户和农产品生产基地合理地安排生产。

二、农产品网络营销市场体系的构建

网络营销环境下,构建农产品网络营销市场体系的核心在于农产品虚拟批发市场的建设。从宏观层面上讲,农产品虚拟批发市场的工作分为计划和实施两大版块:计划版块包括协议约定体系和在线计划体系;实施版块包括联合预测体系、在线交易体系、虚拟物流体系、供应协调体系。需要注意的是,各个体系是紧密联系、缺一不可的,只有保证各个体系的工作都顺利进行,才能实现整个虚拟交易。

虚拟批发市场进行虚拟交易的工作流程如下:

(1)通过农产品虚拟批发市场的各个参与主体,包括生产服务商、消费服务商、物流服务商与农产品批发市场签署在线联合协议,形成基于农产品虚拟批发市场的协议约定体系。

(2)为了实现农产品虚拟批发市场的功能、提高其运作效率,农产品虚拟批发市场的主体之间制定各种商业协作计划,包括实施动态合作计划、联合预测计划和联合物流计划,建立虚拟批发市场的在线计划体系。

(3)根据从生产端到消费端和流通各层次收集的信息以及各个不同阶段的历史统计数据,研究农产品供应、需求以及价格体系的变化规律,建立农产品虚拟批发市场的动态预测体系,分别做出生产、消费和物流的订单动态预测。

(4)各交易主体可以通过虚拟批发市场在线洽谈体系进行业务洽谈,生成电子合同,并据此建立虚拟批发市场的虚拟物流体系和在线供应协调体系。经过上述 4 个步骤,完整的虚拟交易得以完成,农产品虚拟批发市场和物流配送中心使商流和物流分离开来。

三、农产品网络营销物流配送体系的构建

(一)加强物流行业标准化建设

首先,加强农产品物流标准化建设。由于历史原因,我国农产品物流有多

头管理的现象,这就需要政府部门出面组织,将多个物流相关领域各自的标准整合为统一的国家标准,并协调好各部门的利益,实现均衡可持续的发展。

其次,加强信息标准化建设。网络营销环境下,信息是企业的命脉,企业对信息的掌握程度直接关系到农产品物流服务水平,加强信息标准化建设有助于企业间进行信息交流与共享,具体包括单据的标准化、标识的标准化、数据交换接口的标准化、信息传输的标准化等。

(二)加强物流企业之间的合作

加强物流企业之间合作可以通过建立动态联盟的方式。在互联网的环境下,建立动态联盟有助于解决条块分割问题。动态联盟是一种以业务为导向,以互联网为依托的物流企业之间的合作方式。具体到农产品网络营销体系中,物流动态联盟的参与者应该是专业从事农产品物流的物流企业,在合作期间不同企业的硬件设施和软件资源可以共享,以提高物流服务质量与效率。

联盟不是实体组织而是依托于互联网的虚拟组织。在具体建设方面,物流企业可以通过互联网建立一个专门的社区,通过注册和资格审查成为会员;会员进入社区后将本企业的业务方向、地理位置等资料填写完整,建立一个数据库;会员与该联盟签署一个格式合同,表明愿意在有业务的时候参与动态联盟的组建;当业务机会出现时,企业可以通过该社区发布合作意向,迅速找到合作伙伴。

(三)加强第四方物流建设

第四方物流(简称4PL)是指物流服务商通过网络信息平台,收集了仓储、运输、第三方物流服务提供商等合作伙伴信息,并根据企业的需要为其选择各个不同环节最优的合作伙伴,建立客户定制的一体化的虚拟供应链。建立专门为农产品网络营销服务的4PL组织,除了具备一般的4PL组织应具备的条件以外,还要注意以下几点:

其一,技术方面。农产品网络营销范围广,在偏远地区进行业务对技术的要求更高,4PL应该通过应用高科技来提高效率。例如,物流汇与中国电信合作,利用中国电信的全国定位系统,推出物流车辆定位系统。

其二,协调方面。4PL要特别关注不同阶段的衔接工作,比如某些农产品对运输工具的保鲜要求很高,这就要做好运输公司和物流公司之间的衔接工作,以免降低农产品的质量。

其三,业务范围和专业分工方面。农产品的特性以及网络营销的特点决定了为其服务的 4PL 组织需要有更广阔的业务范围和更细化的专业分工。例如,生鲜农产品和普通农产品要求不同,4PL 可以针对农产品的种类及特点来细化专业分工。4PL 组织基本结构如图 6-2 所示。

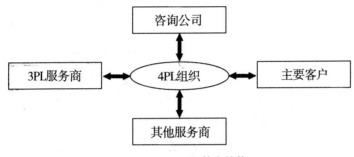

图 6-2 4PL 组织基本结构

四、农产品网络营销保障体系的构建

(一)资金保障

其一,政府要积极发挥引导和扶持作用,利用信息化的专项资金,建设农村网络基础设施,提高农村网络的覆盖率,建立和完善地方农业信息网络;其二,要制定相应的优惠政策,通过多种渠道筹集资金,允许和鼓励个人、集体和企业涉入网络营销体系的投资,坚持建立以市场为导向、企业为主体的多渠道投资体系,共同推进农产品网络营销体系的构建。农户、龙头企业和营销组织是农产品网络营销的主体,要挖掘他们自身的潜力,让他们积极参与到农产品网络营销体系的构建中。

(二)人才保障

其一,要建立有效的农业信息化培训制度。把农户、龙头企业和营销中介组织等农产品网络营销主体作为培训的主要对象,使他们能够利用网络进行信息的搜集发布和掌握安全便捷的网上交易方法。

其二,加强与高校的交流沟通,建立专家咨询系统,为农民提供具体指导。

其三,建立激励机制。鼓励高校毕业生、农村知识青年、农产品网络营销高级人才到基层农村为广大农民提供指导,并给他们提供一定的支持。

五、农产品网络营销支撑体系的构建

(一)加强网络基础设施建设

其一,政府要承担起完成网络基础设施建设的重任,加大对农村网络基础设施的财政投资力度,积极引导民间资金流向农村网络基础设施建设。

其二,农产品网络营销的其他参与者,如农户、农民合作组织、龙头企业等应积极参与,尽自己所能完成各自发展网络营销所必需的设备配置。

此外,农业信息网络的建设是一项重大工程,需要进行科学的规划,制定一段时期内农业信息化发展的目标任务与建设内容,尤其要注重统一的技术指导,以便于日后管理以及资源共享。

(二)提高农产品标准化程度

农产品网络营销要求网上交易的农产品品质分级、标准化、包装规格化以及产品编码化,加强农产品标准化可以从以下几方面着手:

一是着力建立农业标准化基地。二是以优惠的政策、适当的政府补贴调动龙头企业执行国家制定的农产品生产标准的积极性。三是要加强对种养大户的培训,让他们掌握农产品标准化知识,实现对小农户实施标准化生产的带动作用。四是要建立农产品标准化的服务站点,以便及时对农户进行指导,加快标准化普及速度。

(三)实施农产品的品牌战略

在网络营销中,消费者无法现场检验农产品的质量,大多情况下是依靠经营者的信用和农产品的品牌,所以网络营销要重视农产品品牌建设,新疆的"库尔勒香梨"和"吐鲁番葡萄"、重庆的"涪陵榨菜"、湖南的"石门柑橘"等品牌产品都创造了农产品网络营销的成功案例。实施农产品品牌战略,首先要重视农产品的科技含量并不断创新;其次,要重视品牌的宣传工作;最后,品牌建设要重视商标注册和保护。

六、业务流程规划

由下面的业务流程图(图 6-3)可以看出,平台系统主要包含两个方面的用户,即农业企业、农户和消费者,也就是网店经营者以及消费者。网店经营者负责对农产品的管理,如上架可以出售的农产品,做详细的产品介绍,负责

与消费者的沟通,负责产品的包装和其他的售后服务等等。消费者可以浏览农产品商城里面的农产品介绍信息,但是加入购物车购买之前需要注册用户,注册的用户存入数据库后,就可以订购想买的产品。店铺每天要对订单进行汇总,包装产品联系快递公司进行配送投递。收到农产品的消费者可以对产品以及服务进行反馈。如果农产品有坏损,网店经营者还要负责相应的售后服务。

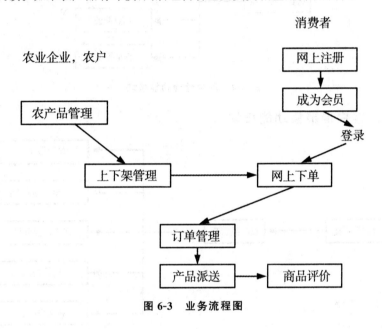

图 6-3 业务流程图

任务三 平台功能模块分析

农产品网上营销平台是为企业、农户等提供电子销售平台,方便消费者在线订购优质农产品。可将其分为客户端系统和后台管理系统两个子系统,分别对每个子模块中的环节进行分析。

一、后台管理功能模块

信息发布以及编辑功能对促销资讯、广告信息等实时更新,对信息进行筛选、编辑工作。

信息验证功能对供需双方提交的信息变化进行核实,如用户提交订单后,后台对订单的有效性进行验证,验证成功后才能进入支付页面。会员管理功能对前台用户注册信息进行处理存储,对会员用户登录时的账号密码进行数据库比对,设置会员的权限等级。

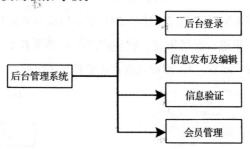

图 6-4　后台管理功能模块

二、客户端销售功能模块

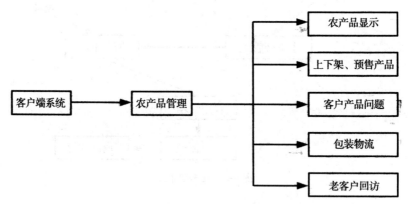

图 6-5　客户端销售功能模块(农产品管理)

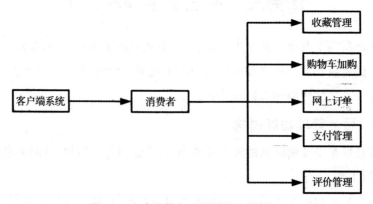

图 6-6　客户端销售功能模块(消费者)

注册登录功能客户端的使用者(商户、消费者)都需要进行初次使用时的注册以及再次使用的登录功能。消费者登录后可查看自己的购物车、消息、会员权益等,为用户管理自己的信息提供便捷。

浏览功能,商户需要定期浏览网页,查看店铺农产品库存、销量、订单、预售量等。消费者浏览网页众多产品、查看购物车或者所有订单,参考其他用户评价等,应对需要浏览的模块进行色彩、样式等的设计,使其更容易观看。

上传信息功能,农产品的上下架情况以及发布预售、与消费者沟通都需要把输入的信息显示到网站页面上。消费者购买什么产品、购买的数量、物流地址等也要上传信息。

搜索查询功能,消费者可以输入产品名或关键字的方式来找到所有相关的农产品进行预览,或者选择限定条件缩小搜索范围以便节省网页反应时间,提高搜索效率。

沟通交流功能,商家与消费者双方在平台营销行为进程中,会产生沟通交流的需求。例如,消费者对商家提出关于产品概况、发货时间等产品服务相关的问题,商家之间进行销售对策方面的讨论,消费者对产品情况反馈的优缺点等等。因此,在平台设计过程中要开辟出讨论区、建群功能,设置实时发送信息、留言及回复的功能,方便双方进行无障碍的沟通。

购买功能,用户在对农产品进行了解、对比后会选择自己满意的产品进行购买,在购买的过程中应提供选择购买的类型、数量等,可以选择立即购买或者批量购买购物车里的产品。

支付功能,支付是决定网上交易能否实现的关键环节,用户提交的订单验证通过以后会跳转到缴费页面,支付验证方式有输入密码、指纹识别等,以保证支付安全。

三、售后服务功能模块

退货管理功能,客户撤销订单之前,需要填写撤销订单申请。审查撤销申请时需要考查两个方面的情况。如果该订单商户未发货,则修改订单状态后将支付金额退给消费者;如果订单发货后,则只能等到商户收到货物后才能退还款项。

投诉管理功能,维持监管平台的正常秩序,这代表着消费者对平台服务的整体印象。

　　常见问题功能,消费者把对平台体验的感受反馈给管理与开发者,使消费者参与整个系统的维护与构建。这样不仅能优化平台的功能,还能够巩固与消费者的关系。例如,小米公司在开发系统功能时,让用户参与其中,这样既能从用户角度出发优化产品,也能起到宣传作用。

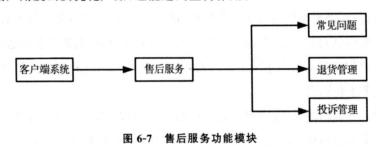

图6-7　售后服务功能模块

任务四　安全性分析

　　对于网上交易而言,最关键的问题就是交易的安全性。众所周知,互联网是开放的,因而在农产品的整个交易过程中也会面临着各种危险。用户会担心自己在网上输入的个人资料以及信用卡的信息被截取,甚至盗用,还担心由于系统瘫痪导致重复付款。另外,作为农产品的网络交易平台,我们也会担心用户使用的是盗用来的信用卡,或者是恶意交易甚至是被黑客入侵。

　　我们选用第三方支付平台来完成支付环节,这样既可以降低用户的购买风险,也能降低对系统开发的难度,支付宝作为第三方支付平台的优秀代表,已成为我国网民公认的安全可靠的第三方支付平台,从2004年建立以来就一直以"信任"作为产品和服务的宗旨。它不仅可以保证产品在线支付的安全性,而且使得用户通过支付宝和购买企业之间建立了信任。

一、网络安全机制

　　网络交易安全涉及的事项很多。在传统交易中,要保障交易安全,必须知道进行交易的对方是谁,是否可以交易,在交易时还必须签名、签署日期,有些重要事项还要公证,只有这些都确定了,才能保证发生纠纷时,能提供重要的凭证,作为将来能在法庭出示的证据。在网络交易中,由于网络的虚拟性,网上交易身份不能确定,而且网络线路易被窃听,网络交易信息易被修改,隐私信息易被窃取,因而必须采用可靠安全的机制来保障网络交易的安全,以弥补网络固有的安全缺陷。在一次安全的网络交易中,需要交易双方身份确定、交易时间确定、交易内容确定,只有这样才能够确保交易双方可以在安全性脆弱的网络上有信心地进行交易。

目前,网络交易安全经常采用的技术主要有加密技术、认证技术和安全认证协议。

加密技术又可分为两大类:一类是对称加密系统,常使用的算法有 DES (数据加密标准)、Triple-DES、IDEA(国际数据加密算法)、RC4、RC5 及 AES (高级加密标准)等;另一类是非对称加密系统,常使用的算法有 RSA、ECC (椭圆曲线密码)、ESA(增强型用户鉴权)等。认证技术主要是对身份与消息完整性进行认证。安全认证技术主要有数字摘要、数字信封、数字签名、数字时间戳、数字证书等。安全认证协议是规范交易参与各方行为与各种技术的一套规则。

互联网的开放性使得网络交易广泛得到应用,网络交易安全关系到商家和客户的基本利益。如若网络交易环境安全无法保障,使用者会担心自己的付款密码被恶意盗取,或者网络出现错误导致付款记录被抹去,等等。为了降低平台开发的成本和难度,也为了营造一个安全、健康、良好的网络交易环境,因此采用专业的支付应用——支付宝来完成网络交易的支付功能。作为国内使用最广泛的第三方交易平台,用户不需要注册新账号,关联新的银行卡。这些不仅提供了便捷,还提高了使用者的可行度。

二、网络交易安全性与可靠性分析

安全性是指网络交易整个过程的安全,包括交易数据的安全和隐私信息的保护等。可靠性则比安全性层次要求更高,它不仅要求交易是安全的,而且要求交易是可行、高效和可靠的。因此,网络交易安全性与可靠性涉及很多问题,在技术上,有些还不能马上加以解决。这里,主要是从上述 SSL 协议为基础的现实网络交易出发,分析和探讨目前网络交易中的安全性与可靠性问题,并对某些不足提出个人的改进设想,以期对实现网络交易安全性与可靠性提供借鉴。

任务五　效果实现技术

　　超文本标记语言(HTML),通过浏览器引擎进行解析。主要是用来编辑在线文档(标题、照片、文本和表格等)。超文本标记语言的结构包括"头"(英语 Head)和"主体"部分(英语 Body),其中"头"部分提供关于网页的信息,"主体"部分提供网页的具体内容。HTML 是一种规范,一种标准,它通过标记符号来标记要显示的网页中的各个部分。网页文件本身是一种文本书件,通过在文本书件中添加标记符,可以告诉浏览器如何显示其中的内容(如文字如何处理,画面如何安排,图片如何显示等)。浏览器按顺序阅读网页文件,然后根据标记符解释和显示其标记的内容,对书写出错的标记将不指出其错误,且不停止其解释执行过程,编制者只能通过显示效果来分析出错原因和出错部位。但需要注意的是,不同的浏览器对同一标记符可能会有不完全相同的解释,因而可能会有不同的显示效果。

　　层叠样式表(CSS,Cascading Style Sheets)是一种用来表现 HTML(标准通用标记语言的一个应用)或 XML(标准通用标记语言的一个子集)等文件样式的计算机语言。CSS 不仅可以静态地修饰网页,还可以配合各种脚本语言动态地对网页各元素进行格式化。

　　CSS 能够对网页中元素位置的排版进行像素级精确控制,支持几乎所有的字体字号样式,拥有对网页对象和模型样式编辑的能力。

　　JavaScript 是一种基于对象和事件驱动并具有相对安全性的客户端脚本语言。同时也是一种广泛用于客户端 Web 开发的脚本语言,常用来给 HT-ML 网页添加动态功能,比如响应用户的各种操作。它最初由网景公司(Netscape)的 Brendan Eich 设计,是一种动态、弱类型、基于原型的语言,内置支持类。JavaScript 是 Sun 公司的注册商标。Ecma 国际(前身为欧洲计算机制造商协会)以 JavaScript 为基础制定了 ECMAScript 标准。JavaScript 也可以用于其他场合,如服务器端编程。完整的 JavaScript 实现包含三个部分,即 ECMAScript、文档对象模型、字节顺序记号。

　　Netscape 公司在最初将其脚本语言命名为 LiveScript。Netscape 在与 Sun 合作之后将其改名为 JavaScript。JavaScript 最初受 Java 启发而开始设计,目的之一就是"看上去像 Java",因此语法上有类似之处,一些名称和命名规范也借自 Java。但 JavaScript 的主要设计原则源自 Self 和 Scheme。JavaScript 与 Java 名称上的近似,是当时网景为了营销考虑与 Sun 公司达成协议的结果。

为了取得技术优势,微软推出了 VBScript 来迎战 JavaScript 的脚本语言。为了互用性,Ecma 国际创建了 ECMA-262 标准(ECMAScript)。现在两者都属于 ECMAScript 的实现。尽管 JavaScript 作为给非程序人员的脚本语言,而非作为给程序人员的编程语言来推广和宣传,但是 JavaScript 具有非常丰富的特性。

下面,我们将针对客户端与服务器端两个方面对系统的实现进行具体的说明。

一、客户端模块的实现

(一)农产品信息显示

对于农产品信息的展示,主要是对农产品进行排列以及每种农产品的详细介绍。用户在登录平台之后,可以在平台上浏览农产品列表,对于感兴趣的产品可以点击进去,平台会跳转到该农产品的详细介绍页面,用户可以在这个页面上选择对该农产品的购买数量。这一过程的编写并不复杂。

当用户确定了对产品的购买数量后,可以将该产品放到购物车中,平台会自动更新购物车的状态,页面的右侧是购物车的即时信息。用户可以点击购物车详情来查看放入到购物车内的产品详细情况,用户可以在这一页面上点击产品名称,对产品的详情进行浏览,可以对产品的购买数量进行修改,如果用户不想再购买该产品,可以将该产品从购物车中删除。如果用户对购物车的状态满意,则可以点击去结账,进入订单详情页面,来对订单进行确认。

(二)订单信息管理

订单信息管理包括两个部分,分别是生成订单与管理订单。订单是用户对所购买农产品信息的汇总。订单是否准确、是否完整对于用户的满意度来说是十分重要的。用户自己来完成订单的生成,用户在对选择的产品进行结账时,平台会自动生成该用户的订单,用户应该对订单上的信息进行核查,以免造成财产损失。当用户核查完订单并确认无误后,可以提交订单,页面会跳转到订单支付页面,页面上会显示出该用户的订单号以及应支付的金额,用户可以选择付款方式。

用户可以在订单管理中对自己的所有订单进行查询,平台会将用户的所有订单按照订单生成时间的先后顺序排列出来,该页面上会显示出所有订单的编号、生成时间、订单的金额以及订单的实时状态。用户可以点击查看详情进入到订单详情页面,来查看订单的详细信息。

(三)订单支付管理

对于支付订单这一功能,在设计平台时我们选择了在购买前进行支付,即买时就付款,不支持货到付款以及分期付款。在支付的方式上有两种,分别是支付宝支付和礼金卡支付。支付宝属于阿里巴巴集团旗下的一款第三方支付平台,由于其很高的安全性而得到了广泛的应用。用户可以点击支付宝付款,页面将会跳转到支付宝支付页面。此时,平台会等待支付宝的回复信息,如果付款成功,平台会将页面跳转到支付成功页面;如果付款失败,平台会提醒用户重新进行付款。另外,用户可以选择礼金卡支付,此时用户需要将所持礼金卡的账号和密码输入到平台中,平台在确认礼金卡有效时,会显示交易成功。

二、服务器端模块的实现

服务器管理方面包含着多个模块,每个模块的作用和功能都不尽相同,彼此之间相互独立。这里我们主要介绍销售部分一些模块功能的实现。

(一)订单的汇总

平台每天都会对未安排派送的订单进行汇总,并将订单按照区域进行分类,将同一个省份、同一个市的订单放在一起,以便之后安排派送。

(二)订单的派送

用户在对订单进行付款之后,平台的服务器会自动生成订单编号。这时,平台的管理人员可以对该订单安排派送,其中包括选择派送员、选择派送的区域、选择派送时间等。管理员对订单派送管理页面进行填写,填写完毕后,即可生成派送订单。

派送单上包含派送的基本信息,如派送单号、订单号、买家的账号、订单金额、派送员姓名、派送区域以及派送的时间。另外,用户可以按照自己的需求选择别的快递公司,点击提交来完成订单的派送。

任务六 农产品网络营销网站案例分析

从交易活动的用户类型来看,农产品网络营销可以发生在个人与企业、个人之间以及企业之间。由于种类比较丰富,有时需要多种营销模式同时存在配合完成。通过利用中文搜索引擎技术,从国内主要门户网站以及有代表性的农业网站进行调查,从网站主要服务职能的不同可以大体分为三类,即信息服务类型、第三方中介电子商务平台类型、虚拟社区类型。从这三类中找到应用最广泛的三个典型案例来具体说明当前我国农产品网络营销网站的主要模式。通过对其基本概况、业务范围分析探讨各自的优势与不足,让本书的平台设计更具有现实意义。

一、惠农网

(一)基本概况

惠农网是由专业从事农村电子商务和农业信息化服务的湖南惠农科技有限公司创办的。网站致力于解决生产端与批发市场、本地农贸市场或门店之间有大批量农产品往来的信息和交易对接,为农产品生产端拓宽销路、减少流通环节,为企业和个人提供专业咨询。作为中介平台,把买家和卖家联系在一起,不销售实体产品,依靠提供农产品信息、广告和交易额比例获取收益。

(二)主要业务范围

涵盖超过1.4万个常见农产品品种。提供农产品以及农资供求信息、采购信息、行情信息、行业资讯、农副加工信息。

(三)案例分析

惠农网经营的商品是虚拟的农产品信息,农户展示的是自己的农产品信息。采购商发布想要的商品信息,双方同时进行挑选,采购意向形成后双方进行沟通,其服务标准主要是大宗产品交易。

这种模式在一定程度上消除了买家和卖家现实中存在的信息不对称现象，减少了农产品中间环节，更是无形中为厂家进行宣传与造势，有助于帮助农户发展和其他经济伙伴的供求关系，长此以往将形成一定规模的竞争力，普惠了全国各地的农户。例如，陈老板在内蒙古开创了主营葵花籽和玉米的种植基地，通过利用惠农网的信息平台，与不同的采购商进行交流，在不到两个月的时间已出售了 80 吨的葵花籽，有些买家会再次主动联系他，他也会通过推送的产品信息去联系买家。这种模式的优点是对参与者的实力要求不高，也不需要在初期投入很多的建设成本。不足之处包括：由于用户类型主要是农产品的生产者与采购者，因而所能造成的市场影响规模有限；对于一般刚刚起步的中小企业来说，网站业务管理过程相对比较复杂，并且发展前景也有局限性。

二、中国农业论坛

（一）基本概况

中国农业论坛是由重庆辉农电子商务有限公司创立的社区论坛模式的交流平台，它把有着共同农业发展需要的人们通过网络聚集在一起，为他们开辟一个虚拟的空间并提供各种交流手段，加入的用户各自发表自身遇到的问题或解决经验，用户之间寻找各自需要的信息，也可以同他人直接进行沟通交换各自的想法，这些留下来的沟通记录可以让后来者也从中受益。网站主要通过提供广告植入、收取会员服务费获益。

（二）主要业务范围

在论坛中按照不同板块的功能和需求进行划分，大致可分为五大类，即资讯快报、农友交流、农友之家、技术交流、广告专区。除了具备一般社区论坛所包含的讨论主题、建组交流、站务管理等功能外，还具备各种农业检测预警、农业常识、农业规章等专业知识。

（三）案例分析

当社区话题讨论价值高而吸引更多人加入时，农业企业除了在讨论区为自己的产品宣传造势外，还可以为其他有需求的企业出售广告空间，或者是设置进入其他网站的链接地址，通过社区用户根据此途径进入网站的访问量获得收益。以往企业进行产品的市场调查中需要发挥巨大的人力物力,而本网站通过对不同话题的兴趣点把用户自然而然地划分开来。这将大大减少企业开展市场调查的难度。直接通过网站发放一些设计好的调查问卷,发放一些社区福利小活动调动消费者参加的积极性,就能达到事半功倍的效果。

该社区论坛为信息流动提供专门的环境,它把有着共同利益点的人聚集在一起,帮助社区成员通过沟通及时方便地获取农产品价格行情、政策信息、最新指导技术、同行态度等多方面的丰富融合信息。优点有对参与者的实力无要求,操作简单、易于管理,在很大程度上降低了搜索信息的成本,便于收集用户对于某种话题的关注度与满意度,从而帮助企业发现问题,调整营销战略。值得注意的是,这种模式通常不能单独发挥效用,而是作为配合与其他模式一起发挥效用。缺点是用户群体主要是和农业相关的生产者或者农业企业,没有打通消费者渠道,造成市场规模有局限。

三、淘宝网"特色中国"

(一)基本概况

淘宝网"特色中国"是由淘宝致力促成的联合政府、运营服务商和涉农企业的"1+1+1"运营发展模式。政府在源头控制好农产品在品质监管方面的管理,还有食品安全的法律法规制度,并且在政府层面上颁布扶持政策。运营服务商则是做好电子商务平台的营销和推广流程,包括特色场馆,品牌营销策划以及售前、售后客服反馈体系;平台主要做网站整体的流量,主要包括平台整体的宣传推广,搭建网络店铺运行结构,商家的产品管理等。

(二)主要业务范围

按照该网站农产品销售的整体运营流程来看,包括货源选取认证、网站店面装修、宣传推广、进行网上交易、产品包装运输、售后服务及消费者反馈这几个方面。网店经营主体既可以是涉农企业、合作社,也可以是个体农户。政府监督认证本地的特色农户或农产品企业进驻交易平台,注册开店,发布产品,买家咨询,订单发货,物流运输,到消费者手中完成基本的交易流程。网店经营者通过利用第三方交易平台积累的消费者群体、市场影响力快速便捷地进行产品营销,因为第三方交易平台对商户产品运营、支付、售后等进行统一管理,保障了交易过程的稳定性、安全性。

(三)案例分析

通过形成地域产业带的亮点,政府监管保证原产地优势。根据生鲜农产品周期短的特点推出预售模式,在生鲜农产品尚未成熟收获的时候,就提前发布到网上进行售卖,农产品还未采摘就已经销售出去,生产地农民直接根据订单需求采摘,不需运输到仓库就直接运输出去,保证送到消费者手中的农产品的品质和新鲜度,减少了仓库库存管理成本。这种模式直接将原产地生产者和消费者紧密地联系到一起,产地根据市场需求量调整生产,减少了农产品流通周期,降低库存风险。从第三方作为中介的交易市场模式来看,平台自身没有产品,不参与农产品交易活动。它的主要职责在于为涉农企业和农户提供整个产业链运营服务。其优势包括以下几点:

首先,专业性强,对农产品交易整个过程进行细分,提供专门服务。

其次,各方都能够受益,参与方在同一个平台上活动,面对的群体是所有的其他参与方,这样更利于营造良好的竞争环境,当网店经营者想拓宽业务时,可以快捷地找到其他参与方,从而降低了各方的执行成本。再者就是对于参与者不作经济门槛限制,只要符合原产地标准,有农产品生产专业知识就能开店。

最后,平台提供对整个系统的管理,参与者可快速上手。

通过对上述三个实例网站营销模式的分析可以看出,目前为农产品营销运作的网站按照不同的功能大体上可划分成三类:

一是解决买家和卖家现实中存在的信息不对称问题的信息流通的中介网站,适用于大批量农产品交易。

二是为对同一问题感兴趣的群体在网络环境中开辟的独立空间,既可以沟通讨论,也利于寻求有效信息,但只是作为其他模式的辅助功能。

三是有利于整合农产品网络经营的产业链的交易平台,既享有平台提供的专业管理服务,又减少了经营者拓宽业务的成本,且没有经济专业方面的能力要求,投入成本低,用户规模大,操作管理简单。

◇ 课题七　农产品营销网络平台设计与实现

任何一个网络营销平台要想获得人们的关注与喜爱,取得理想的效果和良好的效益,科学、实用、有针对性的设计,以及相应的配套措施,均是成功的前提和保障。为此,我们就农产品网络营销平台设计与实现的几个主要方面予以阐述,并介绍了若干著名的农业网站建设案例以供参考。

任务一　平台系统的整体设计

一、平台整体描述

(一)系统需求

建立农产品网络交易平台的目的就是让用户通过网络快速便捷地买到自己满意的农产品。因此,我们对系统要提出以下几个需求:

1. 数据精确度

由于很多交易平台都涉及打折,很多金额都需保留小数部分两位,从而来保证交易金额的准确性。因此,我们需要对货币金额有一个精确度。这个精确度按上述要求,需要以元为单位,保留 2 位小数。

2. 系统响应时间

为了保证系统能够流畅地运行,所使用的服务器和开发工具是确定响应条件的重要因素。为了能够使客户快速地进入所要服务的项目,不让潜在客户因等待时间过长而对网站好感度下降,我们要保证农产品网络交易平台的启动和关闭都非常迅速。为了使客户的需求能够得到很好的满足,在网站的菜单导航设置上要达到快速响应。而在数据库操作中,单表操作、多表操作、事务操作、备份恢复和导出等功能都要达到快速响应,因为无论是客户还是管理员都会涉及这些操作。

3. 系统容量

系统容量可以在后续的设计中以及根据系统的试运行情况而具体确定,但是必须考虑到未来该系统的发展前景,因此必须要留出足够的空间大小。

(二)业务流程规划

在交易平台进行交易的参与方主要是客户和厂商。客户进入到交易平台既可以仅仅对农产品信息进行浏览,也可以对自己有意向的农产品进行订购。订购的时候就需要先注册,待注册的信息符合要求后,就可以进行网上订购并进行相应金额的电子支付。这个时候客户的基本操作就结束了。而厂商要对客户所下的相应订单进行汇总,然后联系物流或者自行配送。在客户收到货物后,可以对相关产品购买后的满意程度或者其他信息进行评价,这不仅有利于公司更好地服务客户,也为其他客户在选择时提供了参考。

二、平台功能分析

(一)平台服务对象

在我国,绝大多数的农业生产方式是以家庭为单位的,农户之间传递信息基本上都是口头传递,而且传递的信息大部分是进行农业活动积累下来的经验。因此,农户进行农业生产主要依据自身多年的经验,并没有考察农业市场的现实供求情况,这势必会造成生产上的盲目性,很容易出现农产品得到了很好的产量,但农民却没有提高收入的现象。近些年,国家对农业越来越重视,很多惠农的政策连续出台,促进了农业信息化和产业化的快速发展,农产品的价格也有所提升。这一系列现象使得农户以及农业企业看到了希望,农业生产的积极性大大提高,他们逐步成为农产品市场的主体。依据农业市场的实际情况,本平台划定了农业企业、农户合作社、农业协会、有一定生产规模的农户以及农业经纪人等几个服务对象。

(二)平台开发内容

依据平台建设的目标和任务以及要服务的对象,结合目前我国网络交易平台发展的状况,确定该平台的研究内容,主要有以下几个方面:

(1)建立农产品供求信息管理系统。普通用户在注册为会员后可以在线浏览和搜索信息、发布供求信息、查看留言和管理自己的供求信息。

(2)建立农产品市场和价格信息管理系统。市场管理员登录后可以对市场目前的基本情况、主要供需的产品以及目前招商的政策进行发布。开发农产品以及涉农产品市场信息库和产品价格趋势分析预测系统。建立可以实现价格信息实时滚动显示的实时采集发布系统。

(3)建立农产品网上展示交易系统。用户可以在家就能够轻松地购买到自己想要的农产品,并通过第三方支付平台实现在线支付,也可以通过邮局等代收业务实现货到付款。当然,注册的时候,用户可以选择不同的用户级别,这不仅便于管理,而且也使用户能够实现自己所需的网上服务。注册为高级会员(分为金牌会员和银牌会员)的用户可以建立自己的网上销售体系。金牌会员是全自主管理,他不仅可以管理自己的产品,还可以管理自己的订单、客户群、统计等信息,也可以建立自己的物流体系。而银牌会员只能管理自己的产品,其他功能只能由系统的管理员代为管理。

(4)建立农产品网上拍卖系统。要求是只有注册为高级会员的用户才可以在网上拍卖自己的产品。

(5)建立农产品电子商务平台管理系统。完成对会员注册、审核的管理;系统管理员权限的设定管理;对市场管理员的认定;对各类会员的订单管理和对特殊类别会员的销售情况统计;产品广告位和企业广告位的管理等。

(三)功能模块划分

用户可以在农产品网络交易平台上进行农产品供求信息的浏览和发布,可以查询平台涉及的各个农产品的实时价格,在平台上可以进行农产品的交易,甚至可以在平台上拍卖自家的农产品。农产品网络平台所能实现的主要功能如下:

(1)查询和发布农产品信息。用户可以利用这一功能找到自身需要的农产品信息,并可以及时与卖方进行交流沟通,使得交易在最短的时间内完成,节约了不必要的交易成本。

(2)查询农产品市场以及农产品价格。平台会将管理区域内各大农产品市场的信息进行汇总,并展示在平台上。用户可以在平台查询所要了解的某一农产品市场的实际情况,还可以查询所需农产品在所有农产品市场中的实时价格,为用户进行交易提供决策依据。

(3)农产品展示和交易。在平台上每种农产品的详细情况会展示出来,其中包括农产品的名称、价格、计量单位、图片等。用户在浏览完农产品详细信息后,可以在平台上直接进行订购和交易。

(4)农产品拍卖。用户可以在平台上注册会员,在拥有会员权限后,平台为用户提供拍卖功能,用户可以将自家的产品放到平台上展示,买方会在平台上看到拍卖信息,由此可以促成交易的完成。

(5)平台的管理。平台自身还设有管理功能,以便保证平台运行的安全性和可靠性。

任务二　网络平台首页设计

一、首页组成模块

分类菜单模块。由于农产品种类繁多,按照普遍的分类标准将其划分成生鲜蔬菜、粮油谷物、零食三个主分类,每个主分类下包含具体商品的名称。这样的排列能更为有效地传递信息,也为消费者提供了便捷的购物体验。

搜索模块。输入关键字或者产品名称实现精准搜索。

展示模块。产品的展示推广功能是平台的主要效用,产品信息展示的内容要吸引人的眼球或包含用户想要了解的关键信息。

信息发布模块。提供农产品相关的新闻和资讯,便于平台与用户之间的沟通。

(一)注册登录模块

所有用户都可以浏览网页,但如果首次进行交易活动就必须先注册,填写用户必要信息,成为本平台的用户,注册过的用户登录后就可以开展正常的交易活动。

(二)批量、零售方式选择模块

农产品大量批发与少量零售均可以在搜索框中输入农产品名称或者在商品分类中找到具体的产品,产品详情页除了提供相应的产地信息、是否预售、价格以及能批发的最低限额外，还显著地标明批量与零售这两种方式。批发商通过批量购买进入购物车，选择农产品购买的数量，数量默认显示最低限额，产品状态显示为批售。消费者点击零售购买进入购物车，数量默认显示为1件，在此基础上可以点击加号按钮添加更多。

（三）购物车模块

购物车模块的主要功能是统计用户选购产品的信息，用户在购物车中可以设定所选产品的数量、批售或者零售方式。通过勾选设置可以单独选择或是全部选中产品，还可以成批量删除不想要的产品。点击购物车结算后，系统会判断用户是否已经登录，没有登录会直接跳转到登录页面。登录后的用户就能够生成订单并进入支付流程。

二、结构和色彩要求

结构与色彩的要求考虑到农民用户对于复杂的网站操作不太熟悉，所以平台首页的设计要尽量采用较为简洁明了的方式。在内容上要通俗易懂，结构上要简单清晰。网站色彩搭配上采用绿色为主色调，凸显绿色农产品的网站特点，文字搭配黑色和红色用来显示主体信息，既吸引人的眼球，又富有冲击力，这样才能快速有效地塑造平台的用户印象。

任务三　农产品网络建设内容策略

网站推广方面的相关信息，主要包括农产品的介绍、目录、联络方式、相关动态、客户服务、网上调查等。

第一，内容要充实，要体现农产品的特色，要有吸引力，让消费者第一眼看了想继续浏览下去。比如说我们在网上建设一个农产品推广网站，在上面售卖玉米。先要想明白一件事情就是为什么消费者要在网上去买，其次就是为什么他要在我的网站上面去买，与其他网站相比较我的优势在哪里。当然这离不开我们网络营销的推广，但是内容不充足、特色不明显，可能的结果就是消费者打开了我们的网站，进入浏览一眼就匆匆忙忙地关掉了。

第二，需要对网页内容定期更新。更新可以以各种方式进行，如新闻报道的农产品、重要的营销活动、欢迎词的更新，可以打开数据库经常变化网页链接,同步更新网站内容和数据库等。

第三,要考虑网络国际性。考虑到有可能会进行网站浏览的国际客户,方便接洽国际的订单,对网站的版本也要考虑增设英文版,或者有针对性地对特定市场提供相应的配套网站。想要自己的产品更具有竞争性,这方面还是要逐渐地去完善的。

第四,要合理编辑上传内容。建议可将网页内容设计成有引导性的检索结构,方便点击进入详细查询。同时增加搜索栏,使访问页面者可以比较容易地找到相关内容的页面。最重要的一点是,客户在网站的任何页面都要能迅速发现"返回主页"的链接,以方便访问者回到"主页"上。

一、建设网站

(一)建设网站需要注意的事项

第一,网站的建设中网络域名的选择需要慎重考虑,域名必须与企业的形象气质相符。

第二,为了避免记忆困难,应该使域名尽量简洁而不烦琐。

第三,由于互联网面向来自世界各地的客户,所以域名还应具备兼容性。要针对农产品特色去注册相关信息。

(二)建设网站的具体步骤

如今,信息化时代已经把我们带入到快节奏的生活中,每天都有多如牛毛的信息涌入我们的生活;科技的不断发展让网站建站的成本不断下降,各种各样的网站开始出现,越来越多的人因为利益或喜好建设属于个人的网站,那么如何建设一个简单的网站呢?具体步骤如下:

1. 确定目标

做什么事之前都需要有一个明确的目标,这样才知道自己在干什么,需要干什么以及想要得到什么。网站建站也是如此,首先要设立一个目标,这个目标不能是简单笼统的,比如做个强大的网站、独一无二的网站这种目标都不切实际,难以实现。设立目标要详细,对网站要有具体的设计和规划,比如建设网站之前问问自己,这个网站是要干什么?吸引哪类人使用?先不要把自己的网站定位太高,从小做起,慢慢完善,慢慢提升。

很多人建站的目的是吸引更多的潜在客户,激发客户群,将潜在客户转变为实际客户,达到利益目的。比如说网站的所有者是买卖儿童书籍的,那这个网站就是要以宝妈和儿童为对象,设计能够吸引他们的页面和内容,通过展示这类内容,达到买卖书籍的目的。

2. 确定网站主题

网站主题就是建立的网站所要包含的主要内容,一个网站必须要有一个明确的主题。特别是对于个人网站,不可能像综合网站那样做得内容大而全,包罗万象,所以必须要找准一个自己最感兴趣的内容,做深、做透,办出自己的特色,这样才能给用户留下深刻的印象。网站的主题无定则,只要是你感兴趣的,任何内容都可以,但主题要鲜明,在主题范围内内容做到大而全、精而深。

3. 搜集材料

明确了网站的主题以后,就要围绕主题开始搜集材料了。搜集的材料越多,以后制作网站就越容易。材料既可以从图书、报纸、光盘、多媒体上得来,也可以从互联网上搜集,然后把搜集的材料去粗取精、去伪存真,作为自己制作网页的素材。

4. 规划网站

一个网站设计得成功与否,很大程度上取决于设计者的规划水平,网站规划包含的内容很多,如网站的结构、栏目的设置、网站的风格、颜色搭配、版面布局、文字图片的运用等,如何规划网站的每一项具体内容,下面会有详细介绍。

5. 选择合适的制作工具

尽管选择什么样的工具并不会影响设计网页的好坏,但是一款功能强大、使用简单的软件往往可以起到事半功倍的效果。网页制作涉及的工具比较多,首先就是网页制作工具了,目前大多数网民选用的都是所见即所得的编辑工具,其中的优秀者当然是 Dream Weaver 和 Frontpage 了,如果是初学者,Frontpage2000 是首选。除此之外,还有图片编辑工具,如 Photoshop、Photo-impact 等;动画制作工具,如 Flash、Cool3d、Gif Animator 等;还有网页特效工具,如有声有色等。网上有许多这方面的软件,可以根据需要灵活运用。

6. 制作网页

材料有了,工具也选好了,下面就需要按照规划一步步地把自己的想法变成现实了,这是一个复杂而细致的过程,一定要按照先大后小、先简单后复杂的顺序来进行制作。所谓先大后小,就是说在制作网页时,先把大的结构设计好,然后再逐步完善小的结构设计。所谓先简单后复杂,就是先设计出简单的内容,然后再设计复杂的内容,以便出现问题时好修改。在制作网页时要多灵活运用模板,这样可以大大提高制作效率。

7. 上传测试

网页制作完毕,最后要发布到 Web 服务器上,才能够让全世界的朋友观看,现在上传的工具有很多,有些网页制作工具本身就带有 FTP 功能,利用这些 FTP 工具,可以很方便地把网站发布到自己申请的主项存放服务器上。网站上传以后,要在浏览器中打开自己的网站,逐页逐个链接地进行测试,发现问题,及时修改,然后再上传测试。全部测试完毕就可以把网址告诉朋友,让他们来浏览。

8. 推广宣传

网页做好之后,还要不断地进行宣传,这样才能让更多的朋友认识它,提高网站的访问率和知名度。推广的方法有很多,如到搜索引擎上注册、与别的网站交换链接、加入广告链等。

9. 维护更新

网站要注意经常维护更新内容,保持内容的新鲜。

二、选择合适的服务器

企业网站的实际规模差异和企业发展计划不同,致使不同的企业应选择不同的服务器。一般来说,大型农产品企业的实力较为雄厚,但出于企业自身庞大的数据库和安全的基础考虑,建立自己的服务器为最佳选择;中型企业为了节省大笔费用管理,服务器和网络管理员的维护可以选择服务器托管服务;小企业自身实力较为薄弱,可选择虚拟主机,但虚拟主机必须选择可靠的供应商,避免麻烦。

随着互联网带给传统行业的冲击越来越大,有很多企业都不得不选择通过搭建网站来保证自身的收益,但网站的搭建也并不是一件简单的事情,如果网站不能给用户带来很好的体验,那么可能就无法为企业带来正面的效果,反而会白白浪费运营网站的成本。服务器作为网站运营的根本,其地位非常重要,所以在选择服务器时,也一定要小心谨慎。如果服务器没有选好,会让网站在运营中受到非常大的阻力。选择网站服务器的考虑因素如下:

(一)要考虑服务器空间的安全性

安全性是网站服务器空间选择时的首要因素,因为服务器的安全性直接影响着网站的安全性。只有选择了安全性高的服务器,才能保证用户能够放心、安全地在你的网站进行浏览或者购物。除此之外,安全的服务器也保证了网站数据的安全,可以让你的网站免于遭受攻击。如果选择了安全性较差的服务器,导致网站被攻击或是恶意篡改一些数据,那么造成的后果是非常严重的。

(二)要考虑服务器的稳定性和访问速度

在保证了服务器安全性的前提之下,就要对服务器的稳定性和访问速度进行考察了。如果服务器不稳定或者访问速度很慢的话,就很容易造成宕机或加载时间过长。一旦出现这样的问题,不仅仅会严重地影响用户使用网站的体验,更会影响到搜索引擎蜘蛛对网页的抓取,进而影响到网站在搜索引擎的排名。

在建设网站时,人们都知道要尽可能地保证网站拥有最快的加载速度,但如果你选择的服务器的访问速度本身就很慢的话,那么无论你的网站如何设计,都无法保证用户的加载速度。而用户得不到良好的体验,网站得不到靠前的排名的话,它能够发挥的价值就十分有限了。

1. 快——网站打开速度一定要快

与以往不同的是,现在宽带质量越来越好,以前在线看一部视频可能还要等待几分钟,而现在基本上可以边加载边播放。影响网站打开速度的原因有很多,比如网站代码臃肿,一系列特效的使用等都会拖慢网站加载速度。但是网站服务器绝对是最为关键的因素之一,服务器硬件配置不理想或者机房的带宽资源不够等,都会严重影响网站加载速度。需要说明的是,不同的网站总有主要的特定的用户群体,网站服务器的选择要尽可能地结合用户所在区域。比如,以美国客户为主要群体的外贸公司的网站,服务器就应该首选美国服务器。

2. 稳——稳定运行

在建设网站时,网站打开速度快很重要,但是稳定运行也不可缺少,甚至更为重要。因为网站加载速度慢,稍微等等还是可以打开的,但是如果不稳定就贻害无穷了。如何提升网站运行的稳定性呢?需要从网站程序、服务器安全防护两个方面下功夫。现在网站为了方便用户维护更新,都是采用动态网站技术,网站数据大部分都是从数据库读取或写入的。如果程序人员不仔细,就会留下很多问题,比如数据库筛选后忘记关闭,或者数据读取的时候造成死循环等,都会非常严重地拖慢网站加载速度。在用户高并发访问的时候,网站运行不稳定。

3. 通——互联互通

不可忽视的中国的很多有特色的地方,在互联网世界同样如此,就是互联互通,网站服务器只有做到互联互通才能全方位提高网站的用户体验。防止在中国各大运营商之间为了利益或者一些技术因素,导致不同客户在跨运营商的时候拖慢网站打开速度。

三、合理利用网站空间

(一)网站空间的定义

网站空间英文名为"Web Sitehost"。简单地讲,就是存放网站内容的空间。网站空间也称为虚拟主机空间,通常企业做网站都不会自己架服务器,而是选择以虚拟主机空间作为放置网站内容的网站空间。网站空间指能存放网站文件和资料,包括文字、文档、数据库、网站的页面、图片等文件的容量。无论是对于中小企业还是个人用户来说,拥有自己的网站已不再是一件难事,投资几百元就可以通过向网站托管服务商租用虚拟主机来建立网站。

一般俗称的"网站空间"就是专业名词"虚拟主机"的意思。可以想象你的网站就是一个完备的家庭,你家的门牌号码是方便别人找到你家的,网站也需要一个"门牌号码",就叫作"域名",俗称网址。你的家,需要有一个空间放置你的家具,也许是 80 平方米,也许是 300 平方米。对于网站也一样,需要有一个"虚拟主机",俗称空间,用来放置你制作好的网站的内容、图片、声音、影像等。有了"门牌"和"空间",你的网站也就做好了,把你的"家具"(网站内容)放进空间,再告诉你的好友你网站的"门牌"(域名),别人就能来访问你的网站了。

(二)网站空间的分类

(1)虚拟空间。90% 以上的企业网站都采取这种形式,主要是空间提供商提供专业的技术支持和空间维护,且成本低廉,一般企业网站空间成本可以控制在 100~1000 元/年。

(2)合租空间。中型网站可以采用这种形式,一般是几个或者几十个人合租一台服务器。

(3)独立主机。安全性能要求极高以及网站访问速度要求极高的企业网站可以采用,成本较高。

(三)空间选择

网站建成之后,要购买一个网站空间才能发布网站内容。选择网站空间时,主要应考虑的因素包括:网站空间的大小,操作系统,对一些特殊功能如数据库的支持,网站空间的稳定性和速度,网站空间服务商的专业水平等。

下面是一些通常需要考虑的内容:

1.空间虚拟主机

根据网站程序选择功能匹配的空间虚拟主机,空间虚拟主机有多种不同的配置,如操作系统、支持的脚本语言及数据库配置等,要根据自己网站的配置要求进行选择。

2.负载量

它的重要性要远远高于空间容量,虽然虚拟主机业务应用的前提是建立在多个用户共同分享一台独立服务器资源的基础上,但是用户有必要向相关服务商了解,究竟会有多少用户与自己共同分享一台服务器的资源。如果共享用户过多,服务器属于超量负载,势必会导致服务器稳定性差,出现 CPU 处理能力低下、程序运行困难等状况,用户的网站在被访问时会频繁遇到诸如找不到相关页面、无法连接到数据库的情况,甚至不能进行访问。

3. 连接数、流量和网站空间容量

连接数是指在瞬间内、能够同时接受申请打开用户网站页面的人数,连接数值的大小直接关系到用户网站的登录水平。如果将连接数限制得较少,那么同时访问用户网站的人数就不会太多,用户网站便会出现让访问者等待时间长等不顺畅的情况。

流量是指网站支持每个月多少用户的访问量,是根据用户网站提供的内容和用户访问量来计算的,假设网站的某个页面是10K,平均每天有100人访问,一天的流量就是1M。

如果流量数值提供得很小,网站空间给得再大也无用处,因为这会使得用户网站的浏览速度非常慢。因此,要根据网站系统程序、以后运营中产品图片的多少、在线人数来预算空间的容量,应留有足够的余量,以免影响网站正常运行。一般来说,虚拟主机空间越大、IIS及流量配置越大,价格也相应越高,因此需在一定范围内权衡,有没有必要购买过大的空间。而一般企业介绍性网站及网店空间大小通常在300~500M,足以够用。同时需要注意的是,最好选择限制流量、IIS的空间,这样可以有效保障速度。没有流量、IIS限制的空间,速度是无法保障的。无限制就是说,速度可以快,也可以慢,这是很多用户在选择空间时最容易犯的一个错误。

4. 网站速度

决定网站速度的其中一个主要因素是机房环境线路,可根据网站访客对象选择适合的主机空间机房线路。访客的主要群体是国外欧美用户,最好选择美国虚拟主机;访客的主要群体是亚太地区或海外华侨,那最好选择香港虚拟主机;访客的主要群体是国内用户,最好选择国内的双线虚拟主机;当然,如果客户群体只是当地的北方或南方客户,自然是选择单电信或单网通的空间,但优势不及双线空间的周全。

5. 网站数据的安全性

网站也会被病毒和木马感染,比如IE浏览器层出不穷的漏洞,FTP账号密码泄密,网站程序存在的脚本缺陷等,都会轻易被黑客入侵网站。此外,数据的备份能力非常重要。网站程序难以避免出现技术人员误操作、网站被入侵,或是空间服务器不可避免地会发生各种各样的故障,如系统硬件、网络故障、机房断电等导致的数据丢失,这时备份关系到数据的安全。因此,一定要考虑数据备份及能力,有技术实力的服务商在增强数据的安全性方面,会采用同城和异地双重数据备份保护,以满足数据恢复需求。

6.服务商的信誉和售后服务

由于域名、主机、邮局等 IDC 产品有其特殊性,它的价值是在长期使用过程中积淀下来的,后续稳定服务又是它的重中之重。一般来说,规模较大的服务商,其在硬件设备、网络资源、安全保障、人力资源、商业信誉等方面有较多投入,普遍能对用户网站的安全、负载均衡、稳定性、速度等做出有效保障,服务也能到位。

中小企业随着国内电子商务热潮持续升温,尤其是国民经济发展中的主力军中小企业,更是意识到加快其网络营销应用的重要性。而建站则是网络营销基础的第一步,再选择一个适合你企业网站的虚拟主机,会让你的网站保持良好的运行状态,不会因空间访问速度、网站风格不符潮流等问题而失去潜在客户。

四、网页设计策略

对于网页设计,设计专业知识、网络营销专家的意见至关重要,若自己对这方面不是很懂的话,最好交给专业的公司去做。网页的界面并不是依靠华丽和唯美取胜,往往非常具有艺术性的网页并不能吸引顾客,在农产品营销的过程中,商业使用性的价值远高于艺术性。因此,农产品网站要突出农产品的特色。但是,这并不是说网站的设计可以平淡无奇,而是要抓住浏览者的心理,突出自身产品的特色。不能单单在网页中加入过多产品的图片,这样会导致视觉的审美疲劳,同样不适宜将公司的过多荣誉放在首页,这会使网民产生抵触心理。网页的设计一定要考虑视觉冲击力以及浏览速度等关系的平衡,同时文字和图片的配比也需要精确设置。

网站内所发布的内容需要通过搜索引擎便于网民的搜索和发现。基于当前的搜索引擎的特点,网站需要为所有的文章专门制作一个文章标题索引页面,在文章数量较多的情况下,设置分类的主题能够更便于搜索。除此之外,网站的标题和内容中的关键词应该被提炼和标示。在制作网页时,要对文章标题和文中重要关键词进行修饰,让其不仅出现在文章标题上,在文章核心部分也要适当增加这些关键词的使用频率。再者,对动态网页做技术处理可以避免其难以被搜索引擎检索到的局面,一是将动态网页生成后发布为静态网页;二是做专门的索引网页,告诉搜索引擎有哪些动态网页可以检索。

很多人认识到的网页设计,可能就是把界面做得漂亮点。而实际上,设计站点远非如此简单。Web 作为一个新兴的媒体,它的目的性很明确,对于一个企业来说,站点的存在就是为了商业目的。而实现站点的商业目的,不经过好的规划和出色的创意,是不可能实现的。

下面,简要叙述一下 Web 设计的基本步骤。

(一)确立目标

目的是 Web 站点建设的中心,也是指导设计的最重要因素。目的可以简单,但不要模糊不清,否则 Web 设计和实现都将非常困难。用户对 Web 的期望和 Web 真正能很好实现的东西一般都有差距,如何和用户沟通来达成共识是 Web 项目一开始就要解决的。目的先要细化成可清晰描述的明确目标,越清晰的目标,越容易控制和实现。因为 Web 的目标也可能需要漫长的时间才能实现,所以在保持总的发展策略的前提下,可以对不同时间段的目的有明确的界定,这样不但可以让发展的中心不被偏离,还比较容易评析效果,以期制定对策。Web 是种特殊的媒体,所以设计师必须懂得和了解这种媒体的特性,尽管设计是共通的,但对 Web,必须要有针对其特性的设计考虑。

Web 和传统媒体比较,相对于印刷品,Web 因为其信息系统的结构和超文本链接指向的优势,使用户寻找到自己感兴趣的信息速度上快于印刷品。在信息的表现方式上,Web 可表现多媒体信息,也优于印刷品。最大的优势就是交互性,这是任何传统媒体都无法比拟的。但 Web 也有其不足,由于我们常接触到的 Web 主要在荧光屏上实现,因此用户在屏幕上阅读大量文本时,眼睛很容易疲劳,且就便携这一点,当前的计算机是无法和印刷品相比的。而相对于电视这一媒体,电视作为一个已存在几十年的媒体,无论是从用户的数量和用户对其的熟悉方面,还是电视在动态影像的表现上,都要优于 Web。尽管 Web 在带宽提高的基础上能流畅播放视频,但一般而言,从 Web 上观看动态影像并不现实,以上所说的动态影像是指像素化的视频。不过 Web 相比于电视,其交互性能给用户更多自由选择的机会,能更好地和用户沟通,并给其带来特殊的体验。

在充分了解站点的目标用户的特点和 Web 的特性之后,针对用户的种种特点来进行设计的工作就可以开始了。

(二)构建信息系统架构

在分析了站点的目的和目标用户的特点和需求之后,让信息能真正满足用户的需求,就必须设计一个易于传递信息的站点架构。导航系统和页面中的超链接是用户最直接的交互工具,也是站点信息流动的外在体现。信息架构是一个站点的骨骼,也是站点是否能顺利表达信息的一个重要因素。

确定采用何种技术。技术是实现站点的最基本的东西。但是最新最先进的技术在不同计算机平台上的表现大相径庭,有些甚至不被支持。因此,为了保证尽可能多的目标用户能正常浏览站点,在使用技术上要慎重,不能盲目采用过新的技术。而同样和浏览相关的就是站点文件的大小,文件尺寸较大,下载速度就会变慢,如果页面的下载速度超出了用户心理能承受的极限,那么用户很可能就会放弃对站点的浏览而转向其他的站点。

(三)站点中的图形用户界面设计

用户界面是帮助用户浏览站点和控制与站点交互的重要工具。好的界面应该是能帮助用户很顺畅找到他们所需要的信息。在设计思想上,尽量采用大家熟知的、已经约定俗成的惯例来设计用户界面,因为用户可能具有一些站点访问的经验。

任务四　平台运行管理

一、产品供应机制

根据用户采购数量的多少,平台分为两种交易方式:一种是批量购买,适用于打算再销售的零售商或批发市场用户,主要服务于喜欢市场售卖、挑选产品的顾客;另一种是零售,适用于热衷网上购物,认为网上买的更实惠方便的网购用户。虽然这是两种不同的用户类型,但都要通过网上浏览产品进而进行交易活动,即整个营销流程大部分相同。因此,只需要浏览同一个产品详情介绍网页。成交后的订单分为两种,即大批量的批售产品和少量的零售产品。批售订单体积大,数量多,是对接到合作社或多个家庭组成的农场和农产品企业等。零售数量灵活,主要对接到个体农户。

二、产品营销品牌策略

农产品从原产地只需经过批发商或通过零售方式直接就能送到消费者手中,有效地保证了农产品的原产地特性。平台通过建立品质认证体系可以让特色优质的地域性产品具有品牌效应,这将大大提升农产品的品牌价值,并利于加大推广的深度与广度。

三、平台品质监管体系

建立起一套"政府＋农产品供应方＋平台"的广泛监管体制,由政府把关筛选符合品牌资质的农产品供应方,接着在农产品的生产和流通环节层层监测产品品质,做到源头可查,以此来体现农产品品牌的实体价值。在平台经营方面,对商家收取一定比例的定金,以便根据客户投诉对出问题的商家进行处罚等。

四、物流渠道策略

生鲜果蔬易腐烂的特性对物流有较高的要求,对于某些地区特色产品需选用全程冷链式运送,对普通常见的产品可以通过平台灵活设置仓储点,通过本地的生产商或存储仓库保证在某个时效内送达。

任务五　农业网站建设案例

一、新农网

成立于 2007 年年底的新农网,是一个中国国内专业的农业资讯网站,主要面向广大农村市场及农民朋友,为其提供最新最及时的信息,是集涉农资讯整合、涉农投资咨询、涉农商务策划、涉农交易服务以及涉农用户互动于一体的农村互联网信息服务综合提供平台。以农业资讯、农业种植技巧等网站特色为农民朋友搭起致富的桥梁,已经成为国内数一数二的农业资讯网站。

新农网始终致力于"支农、兴农、富农、新农"的服务宗旨,开通了新闻、行情、技术、新农网致富经、供求、论坛等特色频道,百余个子分类,每天即时更新信息 5000 条以上。基本覆盖了普通农户、种养经营大户、农民经纪人、涉农经销商、农民合作经济组织、涉农企业等各类相关群体。凭借着专业、丰富的农产品分众信息吸引了众多有一定投资能力的农民及外出务工人员的广泛关注。因为为农村市场提供了大量的农业资讯而多次获得相关部门的表彰。

（一）网站特色

新农网拥有雄厚的资金实力与专业化的运营团队,完备的硬件设施和强大的技术力量,通过团队的不懈的努力和用户广泛支持,上线半年后,新农网在农村垂直门户排名稳居前列,日益新增的用户量,更加强化了中国第一农村互动媒体的地位。

新农网作为国内领先的农村互联网信息服务综合提供平台,先后与多家国内权威媒体建立了紧密合作关系,成为第四届内蒙古农业博览会特约网络媒体、浙江首届农业对外投资博览会首席协办网络媒体,拥有《农村百事通》《南方农村报》《创富指南》等众多传统涉农媒体战略合作伙伴。

从"三农"问题核心看,农村是农业、农民发展的环境和背景,也是"三农"问题的聚合点以及"三农"问题的地理概念的体现。新农网与其他涉农媒体主要关注农业及其竞争力的发展方式不同,它努力在做的是把农村各环节（农产品生产加工销售信息化、农村信息化、农村生态旅游业、现代都市农业）等的发展作为整体看待,希望更多合作伙伴参与进来,一起为提升农村整体的竞争力,促进农村经济的繁荣和社会的和谐稳定而共同努力。

（二）观念

新农网首页上的农业信息:新农网是一家年轻的互联网公司。它的使命是运用互联网做平台,整合最具价值的信息输送给中国广大农村用户,为推动农村经济的繁荣发展贡献绵力。

如果你出生、长大在农村或对农村有一定认识并愿意为之付出,我们将更欢迎。我们坚信这是个快乐而有意义的工作舞台。在这里没有员工只有伙伴,似童年伙伴,激情、贡献、快乐、分享。精英型团队,更多热情,更少束缚,更大发展空间,有名校高材,也有草根英雄。

我们提供的不仅仅是一份工作,更多的是可以为之奋斗的共同事业;我们追求卓越业绩的同时,也希望你在这里可以找到人生的价值观与信仰。我们一直未曾忘记理想,我们在追求理想的道路上取得的成绩与每一位伙伴密不可分,在理想成为现实的时候,我们必定与付出艰辛努力的每一位伙伴分享胜利的果实,共享成功的喜悦。

我们的招聘没有任何学历限制,我们更看重的是素质修养和学习能力。我们为每一个团队成员提供广阔的发展空间和学习机会,以及富有竞争力的薪酬和福利。

二、农产品交易网

农产品交易网是专为广大企业及个体户提供一个交易平台的网站。目前是行业里最大的农产品交易网站,为广大农产品商户提供一个免费发布供求信息的平台。自成立以来,在业内众多客户大力支持与推动下,秉持"根植专业涉农电子商务平台"的发展理念,坚持"垂直化、专业化、分众化"的发展思路,保持并扩大平台在行业内的领先优势,为国内涉农企业、涉农贸易商、涉农经销商以及广大消费者之间架设了一条最直接、最有效的信息互动桥梁。凭借资深的行业背景、高效的工作团队和优质的软硬件设施,矢志将平台打造成为涉农网络平台与涉农企业之间进行 B2B 交易的第一涉农商务门户。

(一)网站目录

(1)网站目前主要有 16 个大分类,分别为粮油、蔬菜、水果、水产、畜禽、种苗、饲料、肥料、农药、兽药、苗木、花卉、农机、食品、特养、农村。

(2)小分类一共有 344 个。只要与涉农相关的产品都可来农产品交易网发布,能全面覆盖到涉农产品。

(3)农产品交易网是目前中国互联网规模最大、数据最全、用户访问量最多的专业涉农电子商务平台,为涉农行业提供全方位涉农产品资源发布,涉农产品、相关服务供求发布等服务。

(二)网站使命及远景目标

(1)农产品信息网的使命为汇聚天下农产品商务。

(2)农产品信息网的性格:简单,严谨,值得依赖。

（3）农产品信息网的远景目标为长期持续发展并成为中国商务产业最大的企业之一，为每一位中国人提供优质的商务信息服务。

三、惠农网

惠农网是 2013 年 9 月上线，由湖南惠农科技有限公司推出的 B2B 网站，主要以 B2B 的方式为农村用户服务，为农产品提供供销渠道。

惠农网的 LOGO 以绿色为主调，突出打造绿色、健康城市生态圈的理念，造型上由两片绿叶托起一个"农"字，突出中国惠农网根植"三农"，服务"三农"。其中"农"字由中国工程院院士、"杂交水稻之父"袁隆平先生亲笔所题，原作为"惠农宝"，LOGO 中的"农"字是题字节选。

该网站包含果蔬种植、养殖水产、园林园艺、副食特产、农资供应、中药材六大类目，涵盖了全国各品类农产品以及与农业相关的农用机械、化肥，而且可以免费建立商铺，还为农产品求购信息提供发布平台，为农产品交易提供一个安全可靠的环境。及时发布农业农村部提供的全国农产品的市场行情、最新的农业政策和新闻，几十位农业专家会为广大农户解决农业生产技术方面的问题。

惠农网搭建了一个信息全、影响广的农产品交易网。通过它，用户可以了解到实时的市场动态，缩短农产品交易的中间环节，配置优势资源、提高流通效率，服务地域产业带，打造地标性农产品，构建现代农业百佳案例。惠农网开发的移动端应用软件"手机惠农"将致力于农产品交易服务，促进买卖双方高效、安全对接，实现农产品买卖无忧。"网上县域农业产业带"通过开展农业电商培训，助力县域脱贫致富，打造县域农业"经济名片"。

（一）网络平台

1. 真源码

真源码是中国惠农网利用云计算和大数据技术研究出的可通过身份认证、全程追踪、保质期、位置信息、明暗双码、一品一码六大防伪功能的食品防伪溯源平台。

2. 店家亲

店家亲是惠农科技打造的社区 O2O 综合服务平台，是湖南省商务厅和经信委移动互联网重点扶持项目。"店家亲"手机 App 定位为"小区必备生活神器",根据服务对象不同,分为买家版和卖家版。"卖家版"为店主提供手机开店、客户推广、网络销售、会员管理和营销支持等全方位服务,"买家版"为小区居民提供方便易用的手机购物、生活信息、便民上门和社区社交等服务。

（二）独特优势

惠农网为了服务全国农户,推出了移动智能终端应用"惠农宝",可让农户随时随地查看行业讯息、关注市场动态、了解交易进展。"惠农宝"是由"杂交水稻之父"袁隆平先生亲自题词,主要提供农市行情、专家咨询、农技知识学习、农业新闻、农业天气等应用,使移动信息化更好地应用在农村电子商务中来。

惠农网与作为其平台支撑的互联网、移动互联网、云计算、物联网有机结合,对加快智慧型农业的进程起到了促进作用,引领了未来农业发展的方向。随着信息化进程的推进,农产品交易网的优势会逐渐得到发挥,将会惠及更多农户。

四、中国农产品批发网

中国农产品批发网是由中国农业网站诚信共建联盟推荐、成都煜禾电子商务有限公司和成都市明禾春粮油食品有限公司（香港联顺控股集团）共同为支持中国西部地区农产品贸易流通支持国家菜篮子项目共同筹建。

中国农产品批发网团队由一批具有丰富农业和农村信息化经验的实践者、互联网运营资深农业电子商务专家构成,网站将传统的农贸运作经验和先进的电子商务、网络营销推广技术紧密结合,缔造了中国农贸电子交易全新的专业化运营模式。

针对中国农贸特点,中国农产品批发网精心打造了系列精品栏目频道,集文字、图片、音频、视频、动画于一体的网上视频展厅,为会员企业全年展示产品及企业形象。精美的网上商铺为会员企业在爱农商务网上安了一个家,展示最全面的企业和产品信息。爱农即时通频道开展专业网上洽谈,促成供需双方见面,撮合农贸交易。每天大容量的供需信息发布为会员提供了巨大商业机会。随着网上和网下业务的互动开展,为会员企业提供了实用、方便、快捷的服务功能,极大促进了农贸交易。

◇ 课题八　农产品网络营销的创新研究

《国民经济和社会发展第十四个五年规划和二〇三五年远景目标纲要》提出，鼓励商贸流通业态与模式创新，推进数字化智能化改造和跨界融合，线上线下全渠道满足消费需求。完善城乡融合消费网络，扩大电子商务进农村覆盖面，改善县域消费环境，推动农村消费梯次升级。

2021年中央一号文件要求，实施数字乡村建设发展工程。推动农村千兆光网、第五代移动通信(5G)、移动物联网与城市同步规划建设。发展智慧农业，建立农业农村大数据体系，推动新一代信息技术与农业生产经营深度融合。

这些为农产品网络营销的创新发展提供了良好的政策支持。

农产品网络营销是一种"网络＋白菜"的新型模式，是一种专门通过网络进行的新型营销模式，是利用互联网技术与网络媒介来进行农产品供给与需求等相关信息的收集、发布，利用网络媒介与现实物流的相结合，更大程度地提高农产品交易效率，满足广大消费者的要求。

创新是开展农产品网络营销的核心与关键。我国的农产品网络营销还处于初级阶段，有许多的不成熟与不完善之处。因此，我们要顺利开展农产品网络营销，必须学会大胆创新与变革，敢于颠覆传统营销模式，寻求新突破。

任务一　农产品网络营销环境创新模式构建与发展策略

一、打造良好的网络环境以配合营销

网络营销离不开良好的网络环境。目前，我国的网络应用以及网络覆盖率都呈直线上升趋势，同时，我国也已经建立起了若干个网络骨干，但是，相对

于农村来说,网络覆盖率以及使用率还是较低的,尤其是部分比较偏僻的农村或是经济能力不足的地区,即使有部分地区的农村已经在网络覆盖率的范围之内了,但是网络的质量较差,主要表现在信息传输速度较慢,网速不够快就导致了打开网页过慢、视频无法播放等问题,也不能及时地完全表达农产品介绍以及对潜在消费者疑问的解答。网速的局限性还表现在不能够传输质量较高的图片,很容易让潜在消费者误以为产品质量不好,这对于崇尚眼见为实的顾客来说影响很大,所以导致了农村的农产品网络营销还没有得到充分的利用。

农村相对城镇来说,有较低廉的电信网络价格和相关条款,对农村推广进行农产品网络营销有利。可随着农村网络销售的不断发展与扩展以及互联网覆盖率、使用率不断增加,农村接受网络服务所需要的花费也越来越高。与此同时,服务器同时处理的客户端口数量不断增加,处理速度越来越慢,这些不稳定因素都成为影响农产品网络销售发展的重要原因。因此,若想要快速地发展农产品网络销售,第一步就是需要打破电信市场垄断现象,加快农村电信基础设施建设,引进竞争机制,使各个运营商都能够凭靠自己的实力来进行公平竞争,这样一来,不仅有利于互联网质量的上升,还能够帮助用户寻找到需要的便宜并可靠的通信服务。

二、网络营销的体系分析与总结

想要有效地提高网络营销的效率以及质量,就需要在较为良好的网络基础平台上进行一系列的网络销售操作,同时还要为其配备相应的管理机制与建设体系,所谓的建设体系主要包括五大部分,具体如下:

(一)完善网络销售安全体系

纵观整个网络销售流程,以及根据相关数据显示,人们在进行电子商务的时候,最看重的就是安全性问题,这也成为发展电子商务、网络销售的一项巨大的困难。将安全性问题细分,可以划分为电子商务主体与个体之间相互信任的问题、安全标准选择问题等。所谓的主题与个体之间的信任,可以简单地理解为安全认证体系的建立与完善;而安全标准选择问题,则可以理解为利用各种相关的加密解密以及加密程度来确定安全的标准程度。在这其中建立安全认证体系是最为关键的。对于网络的安全也是一项十分棘手的问题,我国相关部门要加强对网络安全技术的研究和开发,推进我国自有知识产权相关软件的开发。将网络安全、应用,以及操作平台、农产品网络商务应用、财务应用等等相关软件的开发任务作为强化国家基础设施建设的第一要务。同时,我国也应当采取一定的奖励措施来激励相关人员进行农业信息预测以及灾情预报及其相关措施软件的开发。发展我国的电子商务,政府要将技术标准建立并完善,帮助并指导相关企业进行自有知识产权和信息资源的保护以及利用。与此同时,还要积极地采取措施帮助我国推动信息化建设,使网络走进政府管理中,有利于农业网络电子管理走向信息化、科技化。

网络销售与传统销售的过程是截然不同的。网络销售是主要通过互联网的数据发布销售信息,买方从互联网得到购买信息,从而进行的交易活动。在得到方便和拓展销售渠道的同时,也产生了一系列的安全问题,建立安全认证体系能有效防止这些问题发生。一是有效性。所谓有效性,就是在网络销售过程中交易的有效性,是为了避免系统因为故障或病毒、黑客冲击等出现交易失败的现象。二是保密性。也就是说在网络销售的过程中,双方不能够向第三者透露相关的内容以及买卖双方的交易账号等资料。三是无修改性。保持信息不能被随意修改,是对交易双方负责任。除此之外,还有如保护系统、防止攻击、病毒入侵等,建立健全的防火墙,保障网络销售过程中信息不被泄露且数据不丢失。

(二)完善支付过程中的安全体系

伴随着网络销售的深入发展,相关的周边服务也开始逐步浮出水面,很多全新的概念和服务也随之出现。但是在信息化、电子商务充满我们生活的同时,我们也要对安全提高警惕。因此,将安全支付体系完善好,是支付结算安全最为重要的一道屏障。

(三)完善网络销售的协调体系

网络营销无法脱离网络,也同样不能在市场中脱离如工商、税务、法律等部门的各种协作单独运作,完善网络销售协调体系主要可以从以下四个方面来体现。第一,有关协同作业部门选择专门线路或渠道连接电子商务网站。第二,有关部门需制定网络销售行业内规范一致的程序。第三,有关协同作业部门合作确定相关影响网销运作成本的相关费用政策。第四,推行实施协同工作。将认知统一化,将管理规范化,建立起统一的机构,将我国的农产品网络营销指引到正确有效的道路上进行发展和创新。一方面,利用农产品网络营销的紧迫性以及急需性,来推动整个网络营销的管理机制,使生产者和消费者都能够参与其中,一起作为推动我国农产品网络营销的一分力量,积极地观察市场的动态变化,把握有利的实际,快速地使我国的网络营销的水平与世界同步,并且有赶超发达国家水平的需求。另一方面,积极地发挥国家建立统一的宏观规划和协调指导的作用,规范消费者的消费心理以及消费观念,消除消费者对于新型销售渠道的众多顾虑与不解,为农产品进行网络销售打造一个良好的环境与平台。

(四)完善相关法律程序制度体系

由于网络营销是近年来迅速发展的热门行业,但历史尚浅,相关制约该行业管理规范,交易安全等一系列法律体系尚未完善,这就需要尽快出台相关法律政策,规范我国电子商务网络环境。尽管商务部下属各部委已发布规范行业健康发展相关的指导,但目前推动电子商务立法过程显得尤为迫切。由于影响电子商务的政策和立法涉及政府部门过多,管理综合效率很低,难以解决的主要问题影响了电子商务的发展。因此,需要建立电子商务基本法律,在中国电子商务的发展领域统一思想,从而有效规范网络市场,为电子商务提供律法保护。其次,一步步地将我国的农产品网络销售法律化,并完善相应的一系列制度和规定。

电子商务在规则和方式上都借鉴了很多传统销售的经营,理论上讲是可以将现行的一系列规章制度以及相关法律进行扩展和修改使用在网络销售的领域,但是实际情况却不是如此。目前,网络商务的法律和制度的世界水平已经远远超出我国,如果仅仅是生拉硬拽地将国际制度用在我国网络销售中或是将其他发达国家的现有法律、公约套用,不仅不会有任何的效果,反而会对网络销售带来一定的负面影响。在法制环境建设中,我们应当首先吸取、学习国外在这方面的做法以及经验教训,在分析我国的特殊国情后,针对我国的情况制定一系列的相关法律法规,并同时增加法律法规执行的可操作性以及透明度,使其尽量发挥最大的作用,帮助净化、规范整个网络销售行业主体的能动性,提高行业自律,确保法律真的可以成为电子商务行业共同遵守的规则。

三、为我国的农产品网络销售模式打造良好的基础

如今,科学技术在不断地向前发展,经济也在不断地飞跃,人们早已不再遵循原本传统的先生产产品后寻找市场的习惯。现代的人们大多都是通过各种信息的分析,或是前期的研究,把握市场规律后才进行相关的组织生产活动。信息已成为主导全球经济的基础。建设中国农产品网络营销模式应发挥环境模型的作用,并促进企业的试点项目,引导更多的企业加入中国农产品网络营销环境,由省、自治区的成功案例出发,积极发展项目,政府应确定网络服务企业发展的重要地区的试点项目、工业和农业产品。

任务二　农产品网络营销产业发展对策的创新模式研究

一、提高从业人员综合能力

要促进农产品网络营销的进展,必须充分重视加快农业现代化建设和人才的梯队培养,培养现代农产品售前人员、销售人员、客户服务人员,了解农业现代集约化生产培训产品的需求,并了解网络营销人才,培养农业人才,通过试点项目,以促进农业企业的发展,引导高校毕业生到农村这广阔的世界,此举能够有效地改变中国的就业观,推进农村信息化。这些措施包括进一步加强农村基础教育,进一步改善教育环境;促进人才到郊区定居,这将推动农村城镇化进程,促进人才在农村就业,从局部影响农村人员整体素质,也有助于带动其他农民努力学习文化知识,掌握科学技术,提高积极性。

二、加快调整农村产业化模式结构

中国历史上农业经营结构相比于国外的发展情况来说依旧存在许多不利于农业现代化与网络营销开展的因素,结合国外先进的现代农业发展技术和经验,基于我国农业发展的实情,鼓励农民走合作制的道路,大规模建立农民专业农业合作组织,为了实现我国农业现代化,推进农业产业化经营迈出重要的一步。

首先,小规模农户经营与大规模市场变动之间依旧存在矛盾。我国的人均耕地面积处于世界落后水平,不仅面积小,而且效率低,自动化水平低,收益不高,在面对市场波动时难以及时做出调整。

其次,要逐步实现农业生产规模化的需要。目前,我国农民生产的产品极其分散,以土特产品的生产尤为显著。这些产品的销售渠道相对来说较不稳定,往往处于无人问津的尴尬局面。同时,农民自身也面临着诸多不利因素的制约,如资金的缺乏、实用技术的不成熟、产值效率较低、产品质量较低等因素,都给农民带来了较大的影响,使得他们的产品无法具备一定的规模和实力。在这样的条件下,发展农民专业合作组织较为有利,农民可以获得更多更全面的服务,成立属于自己的网络模式。在此基础上能够长期健康地可持续发展,产品的质量就得以保证,最终实现自己的品牌化。

最后,要优化农业结构,需要提高农产品的市场竞争力。努力提高中国农产品的国际竞争力和盈利能力,提高农民经营收入。

三、企业要树立先进的农产品销售观念

当代中国农产品企业面临的状况可谓是机遇与挑战并存。这是一个全新的战略发展时期,只有树立全新的战略和理念才能够在新的机遇大潮中占得先机。中国农产品企业必须建立中国农产品品牌,学习先进的农产品销售管理理论和企业管理模式,特别是农产品营销管理中农产品市场的研究分析,农产品的市场定位,农产品的概念,规划和实施过程中的农产品开发、定价、分销、物流,网络广告促销和售后服务网络等等,都需要详细策划。

任务三　农产品网络营销商务创新模式研究

一、农产品网络营销整体商务模式创新研究

基于我国农产品的条件和农产品网络营销常见的网络营销模式,我国应采取整体业务模型,以下从经营农业模式等方面提出对中国农产品网络营销创新发展的建议。

第一,中国农产品营销活动的运作方式转变。受中国传统的思想观念影响,我国目前互联网状态不能完全通过虚拟实现全部销售,因此我国农产品的网络营销的运作应为混合型网络营销,即整合网络营销和传统农产品营销的模式。提高中间媒介,可以实现"本地,区域,城市,小区"的农产品网络营销。

第二,虽然网络营销的思想是通过网络媒介进行宣传、销售、沟通的,但农

产品货物的送货运输渠道仍然是需要传统送货渠道的。对应农业生产销售宣传方面研发应用的相关软件，以及其他具有决定影响市场产销的分析，都应该采用直接性的网络营销。

第三，我国目前互联网应以因特网、内联网、外联网为主，但将来有可能会改变正使用的这种网络类型，选用新型的网络技术进行程序运算。

第四，根据交易对象的不同，区别对待，专门建立适合我国农产品网络营销新营销模式。由于我国目前处于社会主义初级阶段的国情，农村经济发展和网络技术传播都处于急需发展阶段，而已有的"企业对企业""企业对客户""个体对个体"的传统营销模式中任何一种模式都无法独自胜任，因而多种方式并存的多元化立体矩阵式的网络营销模式进入人们视线。在此过程中，政府不仅充当着商务角色，更充当着指导与监控的角色。

二、农产品网络营销的政府信息监控与发布模式创新研究

中国政府应发挥宏观调控作用，用强有力的政策指导，通过信息引导，进行灾害预测，发挥农产品网络营销活动的资源分析和辅助决策功能，可以对农业信息系统的层次结构的建立，充分掌握生产全过程中农村区域对应资源的利用情况，努力打造一个完整公开的农业信息推广网站平台，通过实时监控农业产品市场需求状况，为企业和个体农户提供相应的信息服务和宣传，公平进行媒体渠道营销传播，服务公共信息，提供政策服务、技术指导等方面的查询，为实施农产品网络营销提供有力的信息支持。

产品市场信息的收集，传播体系的建立，能够使市场信息统一、完善，有据可循。因此，政府相关的农业推广信息传播平台必须与现实积极结合，同步更新，而不是保持若干信息无变化。只有真正做好信息的统计和传播表达，才能为各个区域内的农产品信息网络起到实际指导作用。

由于农业信息化的网络传播所处的平台和层次不同，因而政府相关的各级农业部门必须认真对待，及时对农产品供求信息数据进行处理和发布，同时进行有效监控，有必要的时候可以进一步建立全国范围的农业信息化数据资源库。如果国家在进出口贸易上对农产品推广有相关贴合各级区域的农产品价格走势分析，还要进行深入技术支持，以信息数据共享技术与全球化接轨，通过分析共享全球农产品信息，以便进行宏观指导和调控。

国家建立的所有资源库信息平台都应该履行义务,积极提供相应的农产品政策、资源,对不同年份、不同产地、不同质量的农产品信息,都应做好跟进和数据更新,而且对产品要进行严格的检查。这种现代化数据库信息、资源全球化技术可用于农业现代化的指导,也可使农产品价格引导人们的日常生活,甚至可为我国的很多大中型农产品加工企业提供相关农产品市场信息,促进企业产销一体化进程。

三、农产品网络营销的企业创新推广

中国农产品企业积极开展农产品网络营销,将网络虚拟的推广营销结合实际,使得农产品网络营销有了成功的案例,通过这些成功案例,我们知道只有务实的网络营销模式才能够使得农产品网络营销健康发展。企业组织模式应为"企业虚拟网络—企业的内外信息网—支持企业内外网络的组织结构和组织管理",农产品企业网络营销的策略模式应转向"季节性、个性化、信任度、成本化、信息化",在进行农产品的网络营销时都涉及一些基本的重要因素,这些因素对模式的构成和特点都起了关键的作用。

客户关系包含客户知识、产品提供和客户管理三个因素,与市场环境、产品创新、企业资源、财务要素、业务流程相互发生关系。客户知识中,对客户价值的认识是核心问题。客户关系管理任务是提高客户满意度和忠诚度。满意度是客户关系管理的结果,而忠诚度又是客户满意度提高的结果。建立和维持客户关系的目的是保证客户长期稳定地为企业创造价值。伴随着农产品网络销售的不断深化发展,很多的农民有了自己开店或几家农民合伙开设自己的网络店铺的想法,将自己的农产品通过自己的宣传方式来销售。同时,农民也可以通过网上销售的渠道来购买更加物美价廉的生产用品以及资料等。

四、农产品网络营销方式的创新

近年来,农村电子商务得到空前关注,已连续多年被写入中央一号文件,2017 年的中央一号文件更是专设一节,首次将"推进农村电商发展"单独提出,并明确提出要"深入实施电子商务进农村综合示范""推进'互联网+'现代农业行动"。各地各界纷纷加速进入农村电子商务领域,如被誉为中国农村电子商务"延安"的丽水,全国首个从政府层面推进农村电子商务建设的地市,从2012 年开始,着眼于互联网技术的快速发展和本土优质的生态农特产品销

售,在扩大优质生态农产品的网销渠道上探索出一条具有丽水特色的农村电子商务发展之路,涌现了一些网络营销的创新模式。

(一)定制营销

2013年12月创立的倪老腌辣椒酱被誉为淘宝网最贵辣椒酱,在淘宝店铺积攒信誉达到四个蓝皇冠,不管是通过PC端还是手机端,销量都在搜索第一页面,曝光率很高,俨然成为一款网红产品。作为中国传统佐餐的常见品类,倪老腌为何能在早已品牌林立的辣椒酱界迅速崛起?秘诀在于营销创新。创始人倪向明说:"我们一开始就打出口号,我们的辣椒酱是纯手工制作,不添加任何防腐剂。这种做法,在淘宝还是第一家。我们的辣椒酱都是当天做当天发,这种做法受到许多消费者的青睐。"在倪老腌的淘宝店铺里,你可以定制辣的程度,可以定制配料,甚至可以定制辣的口号和文化。在个性化消费的时代,倪老腌正是抓住了私人化和个性化的味觉体验,将传统的标准化工艺进行微创新,提供个性化解决方案,走定制化的路线,击中了消费者的诉求靶心,成为辣椒品牌界的黑马。传统思维认为,手工业和农业的特殊性导致的产品差异性和难以标准化是农产品销售的桎梏,而在互联网时代,倪老腌却将计就计,将产品差异化进行到底,并将之做成了产品特色,利用网络让手工农产品的个性与市场的差异化需求对接,创造价值。

(二)众筹营销

2016年5月,一篇名为《"县长公益众筹"让你成为梯田稻米体验师》的文章在微信朋友圈广泛转发,在线上线下都引起了热烈的关注与讨论。原来,这是遂昌县副县长赵文明以高坪乡茶树坪村村集体流转的300亩高山梯田为基地,通过网络发起的"让你成为梯田稻米体验师"众筹项目。此次众筹时间为30天,目标金额为5万元,众筹金额从9.9元至9999元不等。参与者可在5月底来高坪体验插秧,在9月底前来收割,在10月将新米端上饭桌,平时在家还能通过关注微信公众号全程溯源。据官方统计,县长公益众筹开展了两期,共计众筹1081份,累计金额262142元,覆盖22个省、直辖市,共142个县、区参与。现在高坪大米已成为G20宣传片推荐大米和党的十九大宣传推荐大米。

传统的大米销售主要在线下,销售的价格也只是体现了产品的饮食功能,通过众筹这样的新玩法,快速拓展了产品知名度和销售渠道,并将大米的整个生产环节打包出售,实现了大米的溢价,衍生了乡村旅游等一系列副产品,将原来只有几位老人蹲守的偏远小山村发展成为人气很旺的网红村。

(三)社群营销

"丽水山耕"是丽水市生态农业协会于 2014 年 9 月创立的品牌。在销售渠道方面,"丽水山耕"自品牌创建以来,尝试通过超市、淘宝、京东等许多渠道,甚至通过淘点点 O2O 模式营销,但效果都不尽如人意。渐渐地,"丽水山耕"品牌经营者发现,推广他们这样的生态精品农产品,一定要给客户体验感,增加消费者信任度和黏着度。于是,"丽水山耕"着力打造了两个非常有用的渠道——社群与社区。如将一些潜在客户加入微信群和微信朋友圈,建立网络社群,同时设立社区门店建立线下社群,将两者融合,如今在杭州、宁波、上海、舟山等城市都有了社区门店。截至 2016 年年底,"丽水山耕"的农产品远销北京、上海、深圳等 20 多个城市,销售额超 20 亿元,平均溢价 33%。

农产品有明显的地域性特点和小众化的特点,具备独特的风土人情特性,这种产品天生就具备属于某一群人喜欢的可能。这样的特性使社群营销成为高端农产品的绝佳突破口,而网络社群使农产品的销售打破时空的限制。

(四)直播营销

创建于 2011 年的农产品网购平台——山山商城,2015 年年底全新打造了自媒体视频直播购物网站。通过自媒体的方式,"山山商城"挖掘各地好的农特产,拍摄视频建立专辑,并在每一个农特产品的原产地构架视频直播,全天直播原产地产品的生长、制作及包装过程。在其网站上,通过直播你可以看到农产品的成长环境、加工过程、包装物流,甚至食材的搭配和烹饪视频。可以说,从田间地头到餐桌嘴边的全过程都有直播,消费者们还可以在视频页交流心声,实时互动。这是时下非常火爆的网络销售模式。尽管较之传统的肩挑背扛到集市上售卖,以图片和文字描述为主要手段的网络销售形式已经有很大的优越性,但信息量的全面性和即时性有限。通过直播营销,优美的自然环境、富有特色的农产品,再加上生动有趣的解说,农产品的立体信息刺激着消费者五官,让消费者蠢蠢欲动,对农产品的品牌打造和快速销售有着极大的促进作用。

网络营销能为我国的农产品销售提供更多的空间和可能性,极大地发挥了农产品的经济效益。上述的丽水农产品的网络营销创新模式能为其他地区提供参考和借鉴。随着网络技术的继续发展和我国居民进入全面小康时代,我国的农产品网络营销必将得到更好的发展。

任务四　健全农产品网络服务功能

《中华全国供销合作总社关于推进区域电商发展的实施意见》提出,要针对城乡居民的个性化消费需求,创新商业模式和服务手段,提供不同内容、不同方式的专业化电商服务。对于城市消费者,要研究开发符合城市居民生活和消费习惯的电商功能,找准业务的切入点和合作对象,聚合社会商业网点资源,重点抓好商品组织和仓储物流配送,把线下网点的日用消费品、生鲜农产品销售嫁接到网上,同时拓展快递、家政、餐饮、在线旅游等多种形式的生活服务,努力打造供销电商"本地生活",构建以电商业务为引领的供销合作社新型经营服务网络;对于农村消费者,要重点满足农民生产经营的需求,通过引入电子商务,推进农资销售和农业社会化服务的在线化,面向农民和各类新型经营主体提供质量追溯、测土配方、农技培训等在线服务,提高农业生产的技术水平和效率。

把控区域农产品资源和品质,发展农产品电子商务。根据农产品的不同特点开发网络适销的品种。生鲜农产品要重点发展"中央厨房"、同城配送等业务,对接机关、学校等团体单位开展集采集配,面向城市居民建设社区生鲜农产品零售网络。重点推进地方名优特农产品全网销售,努力提高农产品加工、产品包装、营销策划等方面配套服务。强化农产品供给质量,从生产源头加强农产品质量管理,促进农产品生产的标准化、规范化;建立健全农产品质量检验检测体系,加快二维码、OID(对象标识符)在农产品质量追溯中的推广应用。

一、建立农产品网络服务平台

建立农产品网络服务平台,设置常规问答和人工服务两种。事先预设好对于客户可能会提出的常见问题的答案。而人工服务主要是为了处理预设问题之外的复杂、特殊问题,提高解决问题的效率。

二、定时回访

采用定时回访的方法维系老客户的关系,为每位客户建立专属档案,在节假日对新老消费者进行慰问,为每位档案拥有者设计专属信纸发送邮件,包括不同的感谢语和标志,在细节上感动客户,维稳关系。

三、提供个性化服务

现代市场营销讲究市场的细分,应认真调研细分市场,针对不同的用户推荐相关文章或提供范围广泛的知识,提供个性化的周到服务。例如,为购买产品的客户提供在土壤肥力、地区气候条件、消费者的口味、当地种植的品种等信息,为他们的种植提供参考。

综上所述,我们也必须看到,网络营销模式并不是完美的,它带给我们诸多便利与好处的同时,一些弊端同样不容忽视。但是,综合地评价,在当今快速变革的信息社会中,网络营销的优势被凸显出来,它的迅捷、透明、准确的特点解决了大家地域性等缺陷,能够快速传递更多讯息,很好地避免了传统的盲目、滞后的传播特点。同时,农产品网络营销的运用不仅可以很好地满足国内需求,让国民受益,而且可以很好地在国际上推广我国的农产品,加大竞争优势。当代社会发展迅速,信息更新较快,电子商务依托着网络经济的迅速崛起已经深入人心,渗入各个领域之中。它的便捷性、低成本等优点于社会、企业和个人来说,节省了大量成本,同时也为消费者的购买提供了便利。网络的使用不仅仅让现代化的高新技术手段融入农产品的营销,更弥补了传统营销方式的众多缺陷。现在网络的运用使得消费者的需求更容易被掌握,便于商家及时更新产品信息、客户信息、消费者信息等等,在进一步了解社会需求变化的同时,能够恰当地改变自身营销策略,提供合适的产品,极力缩小消费者和农民间的差异和距离,最终的目的就是让彼此在这个环节中都是最大的赢家。

任务五　农产品网络营销新模式

相对于农产品"难以出售"的问题,过去较为普遍的舆论表达是"农产品滞销"。许多人抱怨农业太难了,但是有些人依靠新方式、新业务、新营销来销售农产品,而且还赚了不少钱。下面我们将分析农产品营销方式的创新。

一、"农产品＋直销店"营销模式

直销店解决的是产地到餐桌的问题,同时减少了中间渠道,降低了产品单价,提高了农产品与用户的互动。

"农产品＋直销店"不是普普通通的农民就能做到的,该模式是需要政府或者农业龙头企业牵头。因为直营直销连锁店投入成本巨大,连锁管理也需要专门的人才。

案例　2014 年 1 月,大英县供销社利用单位闲置资产组建了大英县农产品直销中心,参与直销中心的 8 个专业合作社主要销售禽蛋、肉类、蔬菜、粮油、白酒等农产品。此后,大英县供销社通过担保贷款、销售补贴、项目资金争取等优惠政策,引导专业合作社在县城农贸市场兴建农产品直销店。

2015 年,大英县转变服务等方式,认真指导专业合作社在县城及乡镇组建农产品直销点建设,积极解决专业合作社农产品卖难、居民买贵的问题。截至目前,已经引导 7 家专业合作社在县城开设猪肉、禽蛋、粮油、蔬菜、花卉直销店 9 家,年销售额达 300 万元。

二、"农产品＋餐饮"营销模式

把餐饮店、餐饮体验当作渠道或者平台,之后把农产品的体验、农产品消费、农产品互动嫁接在餐饮店里,从而破解农产品销售与推广困局。

采用"农产品＋餐饮"营销模式要思考三点。一是要不要自己做餐饮体验店? 二是如何在农产品的优、特上下功夫? 三是吃、玩、学如何平衡?

案例　有一家餐厅取名为"乡村食材体验餐厅",这家餐厅表面上干的是餐饮生意,能吃到以乡村原生态食材做的各种美味,卖的却是土鸡、土鸭、土猪肉、鸡蛋、鸭蛋等农产品。之后通过店内宣传,并结合互联网,刺激用户需求,留住客户,鼓励消费。

三、"农产品＋网红直播＋电商平台"营销模式

互联网催生了很多的新型经济模式,网红经济便是其中的一种。这里的网红可以是名人明星,可以是当红网络女主播,也可以是卖家自己打造的"村红"。

通过"网红直播＋电商平台"进行农产品营销的三个步骤：第一，策划营销活动，并邀请网红参加；第二，需要网红在线直播自己对农产品的体验感觉，农产品是什么样的，什么味道的，自己觉得如何；第三，在电商平台，如淘宝、京东，同步开始产品销售。

案例　2016 年 5 月 24 日，艺人柳岩在阿里巴巴聚划算平台进行了一场直播。柳岩在这 1 小时里，推荐了"艺福堂"蜂蜜柠檬片、"楼兰蜜语"枣夹核桃等商品。在一小时的时间里，柳岩以聚划算消费者的身份，与网友分享自己的剁手经验，并亲自介绍这些商品。据统计，本次直播观看的人数接近 12 万，直播结束后的产品页面显示，枣夹核桃卖出 2 万多件，柠檬片卖出 4000 多件。

四、"农产品＋微商"营销模式

"农产品＋微商"其实就是农特微商。通过微信朋友圈发布自家的农产品信息，该信息包含种植、成长、采摘等。把农产品的生长情况拍成图片发布到微信里，让用户第一时间了解农产品的情况。

"农产品＋微商"需要我们考虑三个问题。一是品牌打造，要打造一个人格化的品牌，通过品牌来溢价。二是供应链打造，配送与物流、冷链。这是农特微商的重点。三是展示真实的自己，微信朋友圈卖的不是产品是人气，是用户对我们的喜欢与认可。

案例　号称"中国农产品微商第一案例"的张大发卖樱桃，15 天卖出81282 箱樱桃，获得 10365950 元营收。张大发短短 2 个月，建立十几个微信群，并不断培训做线上预售，还组建微商团队，加强个人标签的推广及强化，之后就靠主动传播，打造个人魅力，从而实现团队及用户、分销商对张大发的信任。因此，才会出现万人共同帮你卖樱桃的情况。

五、"农产品＋众筹"营销模式

通过众筹平台来卖农产品，已经成为新农人常用的手段。其中，"农产品＋众筹"可以解决农产品的滞销及农产品传播等问题。

案例　陕西大秦记农业科技有限责任公司旗下的"秦岭 1 号土鸡蛋产品众筹"项目启动，这是商洛农产品众筹的首例。该公司以众筹的模式快速将产品推到餐桌，利用"互联网＋农产品"的方式，让原生态、无农药、无添加、无激素、无抗生素的"一原四无"产品走出秦岭腹地，走到一线城市和南方的中高端人群。

据悉,"秦岭1号土鸡蛋产品众筹"项目在众筹平台线才5天,就得到了347人的支持,筹款29201元。

六、"农产品＋可视农业"营销模式

"可视农业"主要是指依靠互联网、物联网、云计算、雷达技术及现代视频技术将农作物或牲畜生长过程的模式、手段和方法呈现在公众面前,让消费者放心购买优质产品的一种模式。

"可视农业"还有一大功能,就是可靠的期货订单效应,众多的"可视农业"消费者或投资者,通过利用网络平台进行远程观察并下达订单,他们在任何地方通过可视平台都能观察到自己订的蔬菜,水果和猪、牛、羊等畜产的生产、管理全过程。

近年来,可视农业平台通过改造升级传统农业,贯彻电子商务下乡,升级商店对接餐饮,派发订单生产等形式活跃农村市场,不断向可视农业生产商派发订单订金,有效解决传统农业市场通路、资金短缺和食品安全三大疑难问题,以低价格好产品,输送到各个市场终端。

案例　湖山原生态农产品有限公司茶叶可视基地面积230亩,于2016年年初开始建设,总投资30多万元,该基地建设与设备安装已基本完成,包括开通宽带网络、安装摄像头11个等。

农业行业观察看到,茶叶可视基地目前在全国大约有600家,基地建成后,能严控农药残留和化肥的施用,保护消费者食品安全,建立真正无公害的绿色食品基地。通过可视系统和网络,消费者能实时查看基地生产作业和作物生长情况,从而激发他们的购买热情,最终提高该县茶叶产品的知名度、诚信度,促进茶农增收。

七、"农产品＋社群"营销模式

社群就是有相同标签、相同兴趣、相同爱好、相同需求属性的人自发或者有组织的群体组织。在农产品方面,比如樱桃爱好者、素食爱好者、减肥爱好者、苹果爱好者等等,对某一款农产品或者具有相同属性的人对农产品有相同需求的人组成的群体。

案例　"优食管家"是一个基于社群销售食材的C2B＋O2O直供平台,

2016 年已经获得千万级的 B 轮融资。定期给以妈妈群体、减肥群体、家庭主妇等为相同标签的群体组成的社群提供农产品。目前,"优食管家"的社群发展到 5300 多个,同时也推动着农产品、生鲜产品的销售。

八、"农产品＋网络直播"营销模式

2016 年网络直播很火,很多艺人纷纷参与网络直播,并获得百万元的打赏。网络直播的好处有:(1)亲眼所见,提高购买信心;(2)参与互动,获得满足感;(3)新奇时髦,很多人都是冲着新鲜而来的。

同时,"农产品＋网络直播"能解决信任问题。通过网络直播可以让用户增强产品的信心,还可以快速传播推广。因为网络是没有边际的,网络直播的方式能很好地推广农产品及品牌。

网络直播要考虑两个问题:一是网络主播的知名度,最好是企业创始人或者艺人;二是服务要跟上,尤其是有用户下单后要有安全、快速的物流与配送。

案例 在海南省海口市石山镇举行的互联网农业小镇创客沙龙专场推介会上,4 名"创客"变身"网红",通过网络直播的方式将特色农产品推销到全国。海南爱尚玫瑰实业有限公司董事长乔顺法在直播中推销起自家的火山玫瑰:"大家眼前看到的是火山玫瑰加工的成品香皂、精油、鲜花饼。除了在实体店购买,全国的观众也可在微信上下单。"

九、"农产品＋互联网＋认养农业"营销模式

认养即发起众人合伙认养一(头、颗、亩)农产品(植物、动物),根据需要认购的数量或部位,一起享受认养的乐趣,共同获得优质产品。"农产品＋认养"模式需要注意的问题:一是牵头人是关键,要为认养成员做好服务与监督;二是确保透明,认养情况一定要透明,要让大家相互知晓,不能存在欺诈。

案例 田田水果专业合作社的 300 亩水蜜桃园采用"认养"模式,其中有500 颗桃树以每颗 480 元被认养,被选中的树将被挂上相应编号,本年树上结出的桃子将归该认养人所有。被认养的桃树全部采用无化肥种植,全部以鸡粪、鸭粪等为桃树养料,每只果实均使用防虫害专业套袋。

在每年的采摘期,每株桃树大约可结 40～60 斤,100～150 只桃子。田田桃园定下的每年 4 月,认养人可去郊游赏花。7 月份果实成熟时,即可前往采摘,享受一番收获的乐趣。平日,桃树的除虫、施肥等均由合作社社员专人打理。

十、"农产品+电商"营销模式

"农产品+电商"的模式就是电商、互联网平台对农产品进行展示及推广，让更多人了解、知晓，并方便用户在线下单及购买。

"农产品+电商"也要注意两个问题：一是标准化问题，农产品本身就不是标品，但把农产品做成礼品或干货的确是一条路子；二是品牌改造的问题，借助电商对农产品的重新定位，打造符合新时代消费者需要的工业品。

案例 山山商城展销中心网购平台开发了全新模式，将农产品的视频直播、产品溯源、私人订制模块等，通过"线上购物+农产品+旅游产品"模式，巧妙地融合在一起，将线上消费者带到实体店中，所有农产品交易可以实现在线下单、支付，并由线下的体验店提供展示和配送服务。

目前，入驻山山商城展销中心的企业已达30多家，农产品种类达100多种，借助电子商务营销方式对传统农业进行现代化提升，使该县实现了农产品的品牌化、标准化、信息化和订单化生产，年销售额已突破1000多万元。

营销策划公司认为对于滞销农产品的问题，许多分析将参考发达国家的经验。拥有成熟的管理体系，依靠农业协会组织、合作社，从生产、物流到销售，农民参与市场。不仅有助于抵御市场风险，还可以从中获取价值。在这种变化中，如何处理各个环节中的关系，以及它们扮演的角色是必须在发展过程中解决的问题。

在未来，农业营销策划将结合互联网、市场需求，生成更多新手段、新模式。但无论采用何种模式，都可以帮助农民解决农产品的品牌营销或直销。

◇ 参考文献

[1] 中国互联网发展状况第 41 次统计报告[R]. 中国互联网网络信息中心,2016—01.

[2] 何迪. "互联网+"在现代农业中的运用及发展研究[D]. 吉林:吉林大学,2017.

[3] 魏敏. "互联网+农业"背景下的农产品电子商务发展研究[D]. 沈阳:沈阳农业大学,2016.

[4] 孟扬. 国内外农产品营销现状及发展模式比较研究[J]. 价格月刊,2016(07):55—58.

[5] 徐海斌,张汛,王丽平. 国内外农产品营销现状及发展新模式[J]. 江苏农业科学,2009(01)16—18.

[6] 车喑. 中国农产品网络营销的问题与对策[J]. 湖北农业科学,2012(10)4638—4640.

[7] 周雨薇. "互联网+"模式下农产品网络营销策略研究[J]. 商场现代化,2016(12)36—37.

[8] 邓少灵. 网络营销学[M]. 广州:中山大学出版社,2009.

[9] 张泉馨,王凯平. 网络营销理论与实务[M]. 济南:山东人民出版社,2014.

[10] 解蕙. 农产品网络营销模式及发展趋势研究[J]. 科技创业月刊,2010(09)68—71.

[11] 李琰. 甘肃省农产品网络营销研究[J]. 商业经济,2015(12)68—69.

[12] 王军华. 中小企业网络营销存在的问题及改进措施[J]. 中国商贸,2010(8)57—58.

[13] 盛林威. 特色农产品网络营销平台构建与运行研究[D]. 宁波:宁波大学,2017.

[14] 丁旻玑.第三方电子商务平台知识产权管理生态系统研究[D].南京:南京理工大学,2017.

[15] 韩婧奇.双边市场视角下电子商务平台市场行为的研究[D].太原:山西财经大学,2017.

[16] 陈勇.大农业视角下的农产品物流模式研究[D].武汉:武汉理工大学,2015.

[17] 徐甜甜.中国网络支付安全保险发展研究[D].沈阳:辽宁大学,2017.

[18] 方成民,李玉清.创新农产品网络营销策略[J].农业网络信息,2009(9)100—102.

[19] 韩红蕾.农产品电子商务营销模式分析[J].南方农业,2015,9(21)168—169.

[20] 王庆.互联网时代的新媒体营销研究[J].今传媒,2017,25(11)102—103.

[21] 曹玮.实体与网络结合的创新型农产品营销模式研究[J].农业经济,2014,(12)135—136.

[22] 张文莲.农产品网络营销模式构建[J].合作经济与科技,2012(9)73—74.

[23] 樊娅娟.我国农产品的网络营销创新模式研究[D].武汉:武汉轻工大学,2014.

[24] 刘丽华.农产品电子商务供应链体系构建研究[J].物流技术,2012(9)352—354.

[25] 王艳.农产品网络营销模式创新发展及实现路径研究[J].农业经济,2015(9)134—136.

[26] 乐冬.基于统筹城乡信息平台的农产品电子商务模式研究[D].北京:中国农业科学院,2012.

[27] 颜加勇,赵海峰.我国鲜活农产品网络营销策略研究[J].农业经济与科技,2010(12)84—86.

[28] 张胜军,路征,邓翔.我国农产品电子商务平台建设的评价及建议[J].农村经济,2011(10)103—106.

[29] 王艳.农产品网络营销模式创新发展及实现路径研究[J].农业经济, 2015(9)134—136.

[30] 孙群花.农产品电子商务物流配送体系优化研究[D].成都:成都理工大学,2015.

[31] 张明明.社群经济视角下自媒体的运营研究[D].合肥:安徽大学,2017.

[32] 徐海平.农业信息化发展现状及发展障碍研究[D].南京:南京农业大学,2010.

[33] 李琦.农产品品牌形象多形态设计的应用研究[D].杭州:浙江理工大学,2017.

[34] 左雄.我国农业网站建设研究综述[J].图书与情报,2008(02)54—58.

[35] 朱湖根.探索合作社信息化服务体系建设新模式[J].中国农民合作社, 2012(5)31—31.

[36] 李娜.企业网络营销模式的有效性分析[D].北京:北京交通大学,2009.

[37] 张猛.基于虚拟社区的网络营销策略研究[D].青岛:中国海洋大学,2011.

[38] 孙毅.电子商务环境下农产品网络营销策略浅析[J].农业经济,2014 (12)139—140.

[39] 杨柳.泰安市农产品电子商务模式的研究与实践[D].泰安:山东农业大学,2014.

[40] 刘丽.农产品网络营销平台建设的问题、原因及对策[J].山西农经,2017 (05)48—56.

[41] 王一方.基于大数据环境的农产品个性化营销[J].商场现代化,2015 (32)59—60.

[42] 田甜.基于网络环境下湖南省农业信息化平台建设研究[D].长沙:湖南农业大学,2011.

[43] 徐桂珍.安徽省农产品电子商务平台的建设与应用[J].现代农业科技, 2012(8)296—298.

[44] 虞洁颖.支付宝网络支付的发展现状、问题及对策[J].北方经贸,2015 (11)169—171.

[45] 李恕梅.农民合作社农产品交易信息平台运行模式研究[D].大庆:黑龙江八一农垦大学,2012.

[46] 曹艳琴.网站平台的风格和样式设计[J].新课程(下),2015(01)150—151.

[47] 李建军.基于农业产业链的农产品品牌建设模式研究[J].上海:对外经贸大学学报,2015,22(05)14—23.

[48] 席琳.我国网络广告监管研究[D].长春:吉林大学,2017.

[49] 张岳.我国农产品网络营销体系构建[J].农业网络信息,2011(2)49—51.